Estoicismo para jóvenes inquietos

Καὶ νέους θάρσυνε· νίκης δ' ἐν θεοῖσι πείρατα.
ΑΡΧΙΛΟΧΟΣ
ΕΛΕΓΕΙΑ, ΤΕΤΡΑΜΕΤΡΑ (57 D)

Anima tú a los jóvenes: a los dioses les toca determinar el triunfo.
ARQUÍLOCO
Elegías, tetrámetros (57 D)

CÁTEDRA BASE

Estoicismo para jóvenes inquietos

Séneca y Marco Aurelio para el aula

Edición de Ángel Peris Suay

CÁTEDRA

Colección dirigida por José Mas y M.ª Teresa Mateu

1.ª edición: marzo de 2026

Diseño de cubierta: Germán Úcar
Diseño de interiores: M. A. Pacheco y J. Serrano

ISBN: 978-84-376-4982-5
Depósito legal: M. 330-2026
Impreso en España - Printed in Spain

PAPEL DE FIBRA
CERTIFICADA

ÍNDICE

9 **Introducción**

11 1. Contexto histórico y filosófico del estoicismo:
el Helenismo

13 2. El estoicismo

15 3. Séneca

34 4. Marco Aurelio

40 Bibliografía

41 **Cartas a Lucilio**

43 1

44 5

46 9

52 16

54 23

57 37

58 47

62 59

67 66

80 71

89 74

97 76
105 85
115 87
125 95
133 118
137 119
141 120
148 121
154 123
159 124

165 Meditaciones

167 Libro I
169 Libro II
173 Libro III
178 Libro IV
180 Libro V
184 Libro VI
185 Libro VII
187 Libro VIII
189 Libro IX
191 Libro X
192 Libro XI
197 Libro XII

199 Después de la lectura

INTRODUCCIÓN

> Y la gran cuestión de cada vida consiste en que siendo tan forzosamente propiedad de un pueblo, marioneta de una colectividad, logre uno además ser persona, individuo, propietario de sí mismo, autor y responsable de sus propios actos; *el tuus fias* [volverse tuyo] de nuestro Séneca.
>
> JOSÉ ORTEGA Y GASSET

Los estoicos están de moda. Se multiplican las ediciones, los estudios académicos y las guías de autoayuda. Los gurús de la felicidad y quienes proponen reglas para vivir han encontrado un filón inagotable en sus escritos. Probablemente es la consecuencia de que, en nuestra época, los individuos viven obsesionados con la felicidad, con la conciencia de estar en crisis, necesitados de orientación. Pero la filosofía estoica no es un conjunto de máximas y recetas más o menos fáciles, sino una actitud ante la vida y un camino de crecimiento personal.

La tarea de la filosofía es afrontar los retos que ofrece nuestro tiempo, y no cabe duda de que el pensamiento estoico de Séneca y Marco Aurelio se enfrentó a los de su época y, como el de los grandes clásicos que trascienden a la eternidad por su disciplina intelectual, sigue sirviendo en la nuestra con sus incitaciones. Las

Cartas a Lucilio y las *Meditaciones* son una conversación eterna que sigue interrogándonos y nos enfrenta con nosotros mismos. En ellas revive la sabiduría antigua, la sobria serenidad y nobleza del desapego, la severidad moral de quienes entienden que la vida consiste en aguantar con dignidad los golpes de la fortuna.

Al leer a los estoicos podemos quedarnos con una interpretación ingenua, aquella que ofrece una imagen del hombre impasible, desapasionado, que reprime sus emociones hasta el conformismo de quien renuncia a cualquier compromiso de cambio. Esta forma de entender el estoicismo tiene el peligro de resultar individualista, psicológicamente autodestructiva y socialmente reaccionaria; sin embargo, los estoicos son, además, maestros de la libertad que enseñan a estar en el mundo sin rendirse. Por eso son también expresión del hombre moderno que reclama la libertad nacida en la pequeña parcela de la soledad interior. El sabio estoico se rebela ante el mundo y resiste ante el poder, ante el miedo, ante la vanidad social y el absurdo del sufrimiento, pero no es un triunfador poderoso, sino alguien que duda, tropieza, se levanta y convierte la radical aceptación de la muerte, la limitación máxima, en la victoria de la vida. Su retirarse con el pensamiento a la intimidad, a mirar hacia dentro, tiene por verdadero objeto regresar hacia la vida con voluntad de dominio sobre sí para, de esta manera, no dejarla pasar sin tensar los instantes inertes.

El estoicismo es incompatible con una imagen materialista de la felicidad. Frente a ella defenderá que no podemos controlar y no debemos confiar la felicidad a los acontecimientos externos. Y tampoco es conciliable con la autoafirmación del sujeto como ente totalmente combativo y enfrentado a las humillaciones y el desprecio de los otros. Por el contrario, el cosmopolitismo estoico implica acoger la diferencia y la igualdad como ciudadanos del mundo, y cierta dosis de su filosofía nos obliga a cuestionarnos si realmente valoramos lo que es digno de estimación.

Hemos intentado que esta selección de escritos del estoicismo clásico suponga un instrumento útil para quienes se inician en su estudio y, a la vez, sea representativa del conjunto de la filosofía de los autores, para lo cual hemos partido de las extraordinarias ediciones en la colección Letras Universales de Ediciones Cátedra de las

Cartas a Lucilio de Francisco Socas y las *Meditaciones* de Francisco Cortés y Manuel J. Rodríguez.

Esperamos que el lector halle en este libro una propuesta atractiva para vivir nuestros días.

Después de todo, y como los estoicos nos enseñan, la paz interior se encuentra en la reflexión y la búsqueda constante de la virtud, así como en la excelencia del carácter humilde y comprensivo.

1. Contexto histórico y filosófico del estoicismo: el Helenismo

El Helenismo es el fenómeno de difusión del espíritu griego a través de su lengua y su cultura durante el periodo de tiempo que transcurre entre la muerte de Alejandro Magno en 323 a.C. y el final del siglo II d.C.

Las conquistas de Alejandro Magno ampliaron las fronteras griegas por tierras de África y Asia, y pusieron las bases para el nacimiento de un modelo nuevo de comunidad política compuesto de individuos de procedencia muy diversa, que eran asimilados como ciudadanos, y donde la lengua y la cultura griegas eran los elementos fundamentales de cohesión. Sin embargo, aunque parezca paradójico, la expansión de la cultura helenística se produce a la vez que la decadencia política del imperio macedónico, puesto que la muerte de Alejandro provocó su fragmentación hasta que Roma la convirtió en provincia en el año 146 a.C.

La nueva situación tuvo consecuencias para la filosofía en dos direcciones aparentemente opuestas.

Por un lado, se instaló el cosmopolitismo o universalismo, en sustitución del patriotismo vigente hasta ese momento. Para Platón, como para Aristóteles, era inconcebible el individuo al margen de la vida como ciudadano, pero cuando las polis dejaron de existir como unidades libres e independientes, la ciudad quedó englobada en una realidad más amplia y el ideal de ciudadanía quedó superado por el de pertenencia cosmopolita, abierta a otras culturas.

Esta nueva visión de la humanidad significó una creencia universalista en la igualdad de todos los seres humanos que incluía, además de a extranjeros, en algunos casos, a mujeres y esclavos. La expansión de la civilización griega tuvo como contrapartida que se hiciera permeable a influencias de otras culturas, produciéndose un sincretismo[1] religioso. Al tiempo, Atenas dejó de ser el centro del saber y fue sustituida por otras ciudades como Pérgamo y especialmente Alejandría[2].

Por otro lado, aunque al mismo tiempo, el poder y la política consumaron su alejamiento de los ciudadanos, que ahora se veían perdidos en un universo mucho más amplio. Así, la ciudad cede su protagonismo a una gran monarquía que se gobierna desde una capital distante mientras que los ciudadanos se convierten en súbditos administrados por funcionarios. La felicidad ya no pasaba por la polis.

---

[1] Se llama sincretismo a la combinación de distintas teorías o creencias intentando conciliarlas.

[2] Las musas eran las diosas de las artes y las ciencias y, por esa razón, el nuevo centro dedicado al saber en Alejandría se denominó Museo. Este centro estaba organizado en departamentos, entre los que se encontraban el jardín botánico, el zoológico y diversas salas de anatomía y de lectura. El departamento más famoso fue la biblioteca, que llegó a poseer más de 700.000 volúmenes (rollos). El Museo vivió su época de mayor esplendor entre el siglo III a.C. y la mitad del siglo II a.C. En este periodo se realizaron importantes investigaciones en los campos de las matemáticas, la física, la astronomía y la medicina. Entre los nombres más representativos de la historia del Museo se encuentran Euclides, Arquímedes, Aristarco de Samos, Hiparco y Ptolomeo. Durante la campaña de Roma en Egipto se produjo el incendio de su biblioteca, y, en el año 30 a.C., Egipto pasa a ser provincia de Roma. Alejandría fue perdiendo su primacía científica, pero siguió teniendo una gran actividad filosófica, por ejemplo con Filón, con quien coincidió Séneca durante su estancia en Egipto.

Como consecuencia, las nuevas corrientes de la filosofía situaron la felicidad individual y privada como centro de sus preocupaciones. La filosofía deja de ser sistemática y las especulaciones físicas y metafísicas tenderán a relegarse a un segundo plano, pues se entienden como reflexiones abstractas poco prácticas para la vida. El interés ético-práctico se manifiesta en el desarrollo de las escuelas de pensamiento que tuvieron continuidad y, en ocasiones, su máximo esplendor durante la época romana: el eclecticismo de Cicerón, el epicureísmo de Lucrecio y el estoicismo, que fue la filosofía más difundida entre los romanos, con Séneca, Epicteto y Marco Aurelio como máximos representantes.

Los filósofos, en última instancia, se convierten en una especie de directores espirituales que podían proporcionar modelos de vida feliz.

Tanto Séneca como Marco Aurelio fueron personajes políticamente importantes durante el Imperio en Roma. El Imperio fue el periodo de la historia de Roma que siguió a la República a partir del año 27 a.C. La vida de Séneca transcurre durante la dinastía Julio-Claudia entre tres emperadores: Calígula (37-41), Claudio (41-54) y Nerón (54-68). Marco Aurelio pertenece al periodo de la dinastía Antonina, la que se llamó de los cinco emperadores buenos, especialmente por Adriano (117-138), Antonino Pío, que da nombre a la dinastía (138-161), y él mismo (161-180).

2. El estoicismo

El estoicismo y la filosofía romana han sido olvidados durante siglos, considerados muchas veces como menores en comparación con la obra de Platón o Aristóteles. Sin embargo, un renovado interés por la cultura romana ha dejado atrás los prejuicios, repetidos durante décadas, que consideraban el pensamiento helenístico romano como un momento de decadencia, tanto que se entendía a los pensadores romanos como meros continuadores que se limitaban a repetir doctrinas griegas anteriores. Hoy esta postura ya no se puede sostener, al menos sin matices.

El fundador del estoicismo fue Zenón de Citio (333-263 a.C.)[3]. Zenón se trasladó a Atenas atraído por la filosofía y fundó (hacia el 300 a.c.) su propia escuela, pero como no era ciudadano ateniense no tenía el derecho de adquirir un edifico en que alojarla. Por ese motivo estableció como lugar de sus enseñanzas un pórtico pintado *(stoa)*[4] situado en el Ágora de Atenas. De ahí el nombre de sus partidarios: estoicos, «los del pórtico». Sus enseñanzas se enfrentaron a las de otra escuela fundada poco antes en Atenas por Epicuro, de manera que sus doctrinas se comparan y contrastan a veces como contrarias, aunque, como luego veremos, Séneca, que no era nada ortodoxo, se complace en mostrar su admiración por muchas doctrinas de Epicuro.

A Zenón le sucedieron primero Cleantes y después Crisipo, quien fue, según se dice, su principal sistematizador. Sin embargo, de ninguno de ellos nos han llegado obras completas; solo se conservan fragmentos recopilados, entre otros, por Diógenes Laercio (siglo III d.C.) en su *Vida de filósofos ilustres*[5]. Tampoco nos ha llegado ninguna

---

[3] No confundir con Zenón de Elea, discípulo de Parménides que vivió durante el siglo V a.C.

[4] El pórtico es un espacio cubierto adosado a un edificio o a un templo y sostenido por un grupo de columnas. El lateral abierto, alargado, daba hacia el Ágora. En este caso, se trataba de un edificio grande, de entre 36 y 42 metros de largo por 12 metros de profundidad, elevado sobre el nivel del Ágora por cuatro escalones. En el muro de su interior, un grupo de importantes artistas de la época habían pintado una serie de murales que representaban imágenes de personajes divinos y heroicos, hazañas militares de Atenas e historias mitológicas.

[5] En ocasiones los testimonios sobre sus obras son, además de parciales, interesados. Proceden de comentarios críticos y hostiles con el estoicismo, como los que hacen un comentarista aristotélico como Alejandro de Afrodisias, el platónico Plutarco o el neoplatónico Plotino.

obra completa del llamado «estoicismo medio» que se desarrolló a partir de la segunda mitad del siglo II a.c., con representantes como Panecio y Posidonio, a quienes comentan y discuten los continuadores.

Las obras completas más importantes de los filósofos estoicos son las de filósofos de la época imperial, especialmente en tres de sus defensores: Séneca, Epicteto y Marco Aurelio (siglos I y II d.C.), quienes se centran en gran medida en la ética sin aportar una base teórica sistemática. Es lógico pensar que, aunque los elementos básicos de esta ética se conserven fijos, durante este largo periodo de tiempo se produjeron cambios en las perspectivas históricas y personales que impulsaron cierta evolución de los planteamientos de la escuela.

Con el tiempo, hacia el siglo II el estoicismo se convirtió en una actitud que se había extendido y tenía muchos seguidores entre la nobleza romana, de manera que la defensa de la virtud y la racionalidad estoica se convirtió en una fuente de inspiración, pero también en un símbolo.

Los héroes del estoicismo fueron los dirigentes políticos de la oposición al absolutismo. Su doctrina defendía una vida sencilla y natural, atenta a la piedad religiosa, abogaba por la educación en la virtud por encima del placer y el dolor y hacía hincapié en la verdadera igualdad y comunidad entre los hombres a través de su participación ciudadana. Lo importante para ellos fue alcanzar una verdadera libertad interior, ser dueños de su propia alma más allá de las adversidades.

3. Séneca

3.1. *Vida*

Lucio Anneo Séneca representa la formulación más importante del pensamiento estoico durante la época romana. Da forma a las aportaciones estoicas anteriores, muchas veces incompletas y dispersas, de manera que va a convertirse en el representante de referencia para comprender su tradición. Su presencia ha sido significativa en distintos autores y corrientes hasta nuestros días, como el cristianismo de Tertuliano y Agustín de Hipona, el Renacimiento de Erasmo y Montaigne, el racionalismo de Descartes y la ética de Spinoza.

Nació en Córdoba, una de las principales ciudades de la provincia Bética, que era colonia romana desde el siglo II a.C. Pertenecía tanto por parte de padre —Marco Anneo Séneca, conocido como Séneca el Viejo— como de madre —Helvia— a una vieja familia aristocrática con rango ecuestre[6]. El año de nacimiento de Séneca no se conoce con exactitud, pero se acepta la hipótesis de que naciera en el año 1 a.C.

Su infancia y primera juventud la pasó en Roma. Tal como requería su rango, debía o bien continuar las tareas de administración pública de la familia o bien iniciar la carrera política senatorial. Sin embargo, su delicado estado de salud le obligó a retrasar su elección y marchó unos años a Egipto, donde entró en relación con la gran agitación del pensamiento filosófico y científico que entonces existía en Alejandría.

De regreso a Roma, Séneca se convirtió en senador, y comenzó una brillante carrera como orador que le daría popularidad. Tras un tiempo de exilio forzado por una acusación de adulterio, su vida dio de nuevo un vuelco cuando Agripina, esposa del emperador Claudio, logró el perdón para él, pues decidió llamarlo a la corte para que se ocupase de la educación de Nerón. A partir de la llegada de este nuevo emperador al poder, con diecisiete años, Séneca pasó de ser su preceptor a ser su consejero; quiso también tener influencia en el talante del joven emperador, inculcando en su alumno la verdadera naturaleza de la doctrina estoica, y en esta línea intentó que la clemencia definiera la monarquía de la nueva Roma[7]. Durante este periodo ejerció como ministro y administrador principal en la sombra junto con un oficial llamado Sexto Burro.

---

[6] Se trata de un orden al que se accedía entre ciudadanos romanos libres de elevada fortuna, que controlaban los contratos estatales de abastecimiento y obras públicas y la recaudación de impuestos.

[7] P. Grimal, *Séneca*, Barcelona, Gredos, 2023, 127.

En sus últimos años, Séneca intentó alejarse de las intrigas de la corte y pidió permiso para retirarse, pero Nerón no se lo permitió. Pese a esta prohibición, el filósofo consiguió mantenerse apartado desde el año 62 hasta el 65, periodo en el que escribió la mayor parte de sus *Diálogos* morales y de las *Cartas a Lucilio*. Finalmente, a partir de una denuncia inspirada por Popea, la ambiciosa e intrigante esposa del emperador, fue acusado de estar detrás de una conspiración contra él y recibió la orden de suicidarse. Una orden que Séneca esperaba desde hacía tiempo y que finalmente ejecutó.

3.2. *Las «Cartas a Lucilio»*

Las *Cartas a Lucilio* son un conjunto de 124 cartas recopiladas en 20 libros. Se escribieron entre los años 62 y 65, entre el momento en que Séneca se alejó de la corte y el de su muerte. Mayoritariamente se acepta que las cartas no son un artificio literario destinado a un personaje imaginario. Por el contrario, se trata de cartas reales escritas a un amigo y discípulo, enviado a Sicilia, con la intención de guiarlo en su camino en el aprendizaje de la sabiduría ante situaciones concretas, que a su vez sirven de punto de partida a Séneca para sus comentarios. Esto determina que las cartas no sigan un orden argumentativo o un programa fijo, aunque, como veremos, existe un cierto hilo conductor que se corresponde con el ideal de formación del sabio.

A lo largo de las misivas, Séneca trata asuntos muy diversos, pero todas ellas tienen como tema de fondo cómo conducir la vida de acuerdo con la doctrina del estoicismo. Por esta razón, en las cartas se encuentran las cuestiones más importantes para esta corriente: la ley de la naturaleza, la virtud, la voluntad, el control de las emociones, los bienes indiferentes..., pero no están expuestas de manera ordenada, como ya adelantábamos. Por el contrario, la obra nos sitúa ante una multiplicidad de situaciones y personajes para que podamos identificarnos con ellos y caer en la cuenta de nuestra propia adversidad cuando somos víctimas de las emociones, los miedos y los deseos. Así, los temas principales aparecen junto con otras opiniones de temática muy diversa, tales como la molestia del ruido, cómo tratar a los esclavos, la importancia de separarse de la opinión pública, la riqueza, los placeres, la amistad y otros muchos.

3.3. *La idea de filosofía: al servicio del crecimiento personal*

Séneca concibe la filosofía como una orientación para la vida, para vivir mejor. No escribe como un filósofo que estructura una teoría de manera sistemática. Incluso desprecia aquellas filosofías abstractas que no sirven para ser feliz y critica a los lógicos, que centran su filosofía en el significado de los conceptos y las argucias del lenguaje. Aunque se considera a sí mismo seguidor del estoicismo, subraya su independencia como pensador. Cree que, para beneficiarse de la filosofía, no puede adoptar las ideas pasivamente ni seguir una corriente ciegamente porque la verdad está abierta a todos, sin importar quién la defienda. Él mismo se apoya en ideas de otras filosofías si le parecen útiles, como las doctrinas de Epicuro, considerado tradicionalmente como un adversario de la escuela. Lo importante, en suma, es que la filosofía se convierte en un instrumento de clarificación personal con el fin de tomar posesión de sí mismo.

Séneca sostiene que la vida es un proceso de crecimiento en el que los seres humanos están invitados a progresar mediante el desarrollo de una mayor racionalidad. Por tanto, el objetivo de la filosofía como instrumento de formación y crecimiento es alcanzar el ideal del sabio, la persona que se esfuerza en avanzar en la sabiduría como cultivo del alma, que fortalece el ánimo y mengua los deseos. El camino de la sabiduría es un proceso que requiere compromiso continuo con la autosuperación y conocerse a uno mismo para hacerse dueño de sí y ser verdaderamente libre. «Insistamos pues y perseveremos [...]. De esto *soy* responsable: de querer y querer totalmente» (71, 36).

Todos los hombres tienen capacidad de aprendizaje moral, pero no se llega a este por casualidad. Para alcanzar el conocimiento moral son precisos el ejemplo, la constante revisión personal y la filosofía.

Sobre el ejemplo del sabio nos dice que hay determinados personajes que nos dejan pasmados por su generosidad, por su valentía o heroicidad, testimonios de quienes no se dejan comprar o vender por riquezas o de quienes son justos incluso con el enemigo, obstinados en su ejemplaridad. Estas acciones y otras semejantes nos han enseñado una imagen de la virtud.

En concreto, Séneca se sirve en numerosas ocasiones de Catón como modelo de virtudes. Representa para él el hombre que se resiste a la violencia, que se enfrenta con valentía al poder y la tiranía, que conserva la calma cuando todos se asustan, que lucha por la justicia y la libertad hasta el final. Pero curiosamente Catón, si bien es un hombre grande y admirado, no es un triunfador, pues su lucha no resulta vencedora frente a César. Catón termina con su vida como un acto último de resistencia ante la tiranía, y su muerte serena es un ejemplo de victoria de la libertad y de coherencia de vida.

En segundo lugar, Séneca llama a la constante revisión personal en una especie de «ejercicio espiritual» para el cuidado del alma. Afirma que él mismo se examina cada noche, pues hay que vivir como si lo hiciéramos a la vista de todos.

Y, por último, la propia filosofía. Un aspecto importante de los textos de Séneca se compone de sentencias y preceptos en los que se destilan normas de comportamiento. Los defiende porque son un instrumento sencillo de ordenación moral que se recuerda con facilidad, pero los preceptos por sí solos y las normas prácticas no son suficientes, porque las acciones necesitan también un fundamento basado en principios. Los principios son los que dan fortaleza, seguridad y sosiego, porque abarcan la vida y la naturaleza toda. Puede que alguien haga lo conveniente (lo correcto) y no solo lo que conviene (útil), pero no lo hará de forma continuada si no sabe por qué lo hace. Además, las acciones no son buenas o malas por sí mismas; que sean lo uno o lo otro depende de por qué y cómo se hacen en un contexto determinado. Por ejemplo, el mismo precepto que nos invita a retirarnos de la vida ajetreada o el de no buscar riquezas pueden en ocasiones matizarse, ya que una buena acción puede hacerse por generosidad, por ambición o por cuidar las apariencias. Frente a la locura y la irracionalidad es preciso fortalecer la virtud con la filosofía.

El conocimiento racional constituye una comprensión sistemática de cuestiones que trascienden a la ética, puesto que requiere saber cómo funciona la naturaleza (física) y cómo se alcanza el conocimiento (lógica). Solo esta visión integral que proporciona la verdadera filosofía permite acceder a la sabiduría ética. En consecuencia, divide la filosofía en tres grandes partes: la moral, la natural y la racional.

La moral armoniza el alma y se divide a su vez en tres: la primera se ocupa de establecer el verdadero valor de las cosas para saber qué es en verdad importante en la vida; la segunda es la que trata del estudio de los impulsos, puesto que conocer los mecanismos de nuestra vida consciente y los factores que producen el ímpetu nos permitirá controlar nuestros deseos, y la tercera trata de estudiar la acciones y las conductas particulares consideradas en sus circunstancias concretas para armonizar el impulso y la acción y saber cómo y cuándo actuar, refrenar el impulso y no precipitarse en la acción debida.

La parte natural o física se divide, a su vez, en dos: la que estudia los seres corpóreos y la que estudia los incorpóreos. La naturaleza del alma se encuentra dentro de la física y sus leyes, porque entiende que el alma es material y está sometida a mecanismos naturales.

Por último, está la que llama parte racional, en la que podemos incluir la dialéctica y la retórica, puesto que aborda las propiedades de las palabras y las argumentaciones a fin de que no se cuelen falsedades en el lugar de la verdad. La dialéctica, que en otros autores ocupaba un lugar central en el conocimiento, es despreciada por Séneca, que piensa que, aunque permita poner orden en el pensamiento, no puede garantizar la verdad porque se queda en el terreno de las palabras.

3.4. *El camino de la felicidad*

La doctrina más importante de los estoicos y de más repercusión es la ética. La ética estoica es eudemonista, en el sentido de que se justifica como camino para alcanzar la felicidad. Entienden que la felicidad es el fin por el que se hace todo y, a la vez, que no es para otra cosa que para sí misma; por lo tanto, es el fin último y el más perfecto. Esta tesis es defendida también por aristotélicos y epicúreos. La diferencia entre las escuelas depende de la visión que tienen del bien supremo o el fin.

La felicidad se entiende como tranquilidad del espíritu. Se trata de un concepto complejo que significa a la vez alegría interior, equilibrio del alma y serenidad. Aunque no hay que entender esta doctrina como ausencia de preocupaciones, Séneca defiende en ocasiones retirarse del mundo; sin embargo, aplaude al mismo tiempo el compromiso, y ciertamente él mismo tuvo importantes responsabilidades en la vida pública.

¿Qué es la vida feliz? Una calma despreocupada. Nos la otorgará la grandeza de ánimo, el ser constantes a la hora de juzgar bien, pero ¿cómo se llega a esto? Lo haremos si examinamos la verdad completa, si se mantienen en nuestra conducta el orden, la moderación, el decoro y una voluntad inocente y benévola, amable a la vez que admirable: ¿qué podría echar de menos quien tiene la suerte de poseer todo lo honroso?

Este primer acercamiento nos permite apreciar mejor las cuatro doctrinas más influyentes de Séneca:

1) La felicidad humana está completamente en nuestro poder.
2) La virtud es el único bien y es suficiente para ser feliz. Los demás bienes externos son «indiferentes» para la felicidad.
3) El fin es vivir conforme a la naturaleza tanto exterior como interior.
4) El principio último que rige las relaciones entre los hombres es que todos somos miembros de un gran cuerpo.

3.4.1. «La felicidad está en nuestro poder»: no temas el futuro

La felicidad está en nuestro poder, no nos viene dada por casualidad. La felicidad no depende de bienes inciertos que provienen del exterior y confiamos a la fortuna, ni de los dioses, porque no es necesario solicitar a los dioses lo que está en nuestra mano. El que cree en la suerte o confía en los dioses queda al arbitrio de otro. Y del mismo modo que la felicidad no viene de bienes externos, tampoco los males del exterior nos pueden hacer infelices. En consecuencia, hay que eliminar tanto la confianza como los temores infundados, ya provengan de la creencia en la fortuna o de la superstición. Corremos al encuentro de los bienes como si la diosa Fortuna fuera distribuyendo arbitrariamente poder, riqueza, popularidad. Lo cierto es que ninguna de esas cosas nos hace mejores. El dinero o el poder no son el bien más perfecto porque aquello a lo que se puede añadir algo es imperfecto, aquello a lo que se puede quitar algo es efímero. La fortuna no da nada perpetuo; todo lo que da fácilmente puede quitarlo con la misma facilidad. Los bienes que trae el azar proporcionan un placer ligero y superficial, los bienes que vienen del interior son duraderos.

Una primera consecuencia de no depender de los bienes o los males que nos puedan venir del exterior es que la felicidad requiere fijarse más en el presente que en el futuro. Si se confía en lo fortuito, se vive angustiado por el futuro, pero se desprecia el presente, que se nos pasa sin percatarnos de su valor. La imaginación nos juega una mala pasada, nos aleja de la realidad, lleva por igual a confiar la felicidad a un porvenir incierto y a asustarnos ante los males del futuro. Las cosas que nos aterrorizan no son reales: no tememos tanto los males como la idea que tenemos de ellos. Más son las cosas que nos asustan que las que nos dañan. Nunca es feliz el que está demasiado pendiente de su felicidad. El que está angustiado por el futuro por no perder los bienes que tiene, o el que es desgraciado antes de que le llegue la desgracia, no tendrán sosiego en ningún momento. No anticipemos el mal, pues la preocupación por el futuro puede ahogar al alma e incapacitarla.

En conclusión, es preciso superar todo lo que nos confunde y limita la libertad. El propósito fundamental es ser dueños de nosotros mismos alcanzando la independencia respecto del exterior. Una mentalidad conveniente es aquella que no disfruta con cosas vanas y no ha puesto su felicidad en manos ajenas. En cambio, la virtud enaltece a las personas y las coloca por encima de los bienes apreciados por la gente. Por eso, para Séneca, no hay felicidad en quien anda preocupado e inseguro, como tampoco en quien se ilusiona en alguna esperanza. Quien limita todo bien a lo honesto es feliz dentro de sí mismo. El verdadero gozo no debe confundirse con la alegría y la satisfacción pasajeras. El verdadero goce viene de la buena conciencia, de los planteamientos honrados y las acciones rectas y del desprecio de los bienes de fortuna.

3.4.2. «La virtud es el único bien»

3.4.2.1. Los indiferentes

Hay en Séneca un principio que está en la base de esta consideración que nos hace dueños de la felicidad, y es que el valor de las cosas depende de quien las considera. Unos soportan los males, como la enfermedad o la soledad, con fortaleza, mientras que otros sufren desesperados por adelantado por un mal que no existe todavía. Lo que para unos es un dolor insoportable, otros lo consideran un mal pasajero; unos lo tienen todo y necesitan más, mientras que otros pueden vivir con poco y se sienten afortunados. Esta afirmación no quiere decir que el valor de las cosas sea relativo, sino que hay que aprender a valorar las que en la vida son verdaderamente importantes.

El camino comienza, por tanto, por aprender a valorar las cosas. A la manera socrática, Séneca propone romper con los prejuicios, los criterios y las opiniones establecidas, y así se aprecia en las primeras cartas. Es preciso eliminar, antes que nada, los falsos motivos de admiración de las cosas, las falsas necesidades, la ambición desmedida. El filósofo promueve el desprecio de aquello por lo que normalmente sentimos apego, como riquezas, placeres y honores, o incluso la propia vida. A cambio, propone descubrir el valor de aprovechar el tiempo, el valor de la amistad y la sencillez de la vida. Hay dos clases de cosas, las que nos seducen y las que nos repelen: nos seducen las riquezas, los placeres, la belleza, la ambición y los otros bienes; nos repelen el esfuerzo, la muerte, el dolor, el desprestigio. Tenemos, pues, que entrenarnos para que ni temamos estas ni deseemos aquellas. Está vivo —nos dice— aquel que saca provecho de sí mismo, aquel que sirve de provecho a los demás.

Todas las actividades de la vida se valoran según su honestidad. Séneca introduce una distinción entre cosas que podemos considerar valiosas y el verdadero bien. Muchas cosas las consideramos valiosas, pero en realidad son bienes «intermedios» o «indiferentes» porque, por sí solos, no proporcionan felicidad. Del mismo modo que el calor calienta siempre, el bien debe proporcionar siempre beneficio. Los bienes externos son indiferentes porque pueden estar o no, pero ni proporcionan felicidad ni la quitan, pues de ellos no depende la felicidad. No se trata de que unas veces puedan dar felicidad y otras no, sino de que no la dan nunca. Si uno tiene todas las demás cosas: salud, riquezas, nobleza de estripe y popularidad, pero es malvado, le mostraremos nuestra desaprobación; y, si no tiene ninguna de estas cosas, pero es bueno, tendrá nuestra admiración. El hombre bueno hará aquello que crea que tiene que hacer, aunque le resulte trabajoso, y evitará lo deshonroso incluso si le reporta riqueza, placer o poder. Por tanto, este es el único bien del hombre. Para los estoicos la virtud es aquello que es siempre bueno: prudencia, justicia, valentía, y lo contrario es siempre malo: injusticia, necedad, cobardía... pero aquello que por sí solo no trae la felicidad, como tampoco lo contrario, no es ni bueno ni malo, sino «indiferente».

Sin embargo, que sean indiferentes no quiere decir que no tengan ningún valor; es solo que Séneca los considera circunstancias que deben ser interpretadas como instrumentos para la virtud: la persona honesta será virtuosa en la riqueza y en la pobreza, tanto si es despreciada como si tiene poder, tanto si se encuentra sana como si está cerca de la muerte. Son la maldad o la virtud las que hacen malas o buenas las circunstancias de la vida. Del mismo modo, cuando elijo algo conveniente (una comida, un traje, el dinero o una acción), no son buenas estas cosas, sino lo que con ellas me propongo. El bien no reside en las cosas, pues no son bienes en sí mismas, sino en la elección virtuosa que nos permite ser libre ante ellas.

Sobre las riquezas, Séneca señala su indiferencia y sus peligros. Nadie puede tener todo lo que quiere, pero sí puede no querer aquello que no tiene y disfrutar con alegría de lo que se le ofrece. Las riquezas, no obstante, son causa de muchos males y siempre producen la necesidad de tener más. Hay que tener cuidado, especialmente, con los bienes que nos llevan a la locura, ya que nos quitan la libertad y el tiempo, que son mucho más valiosas que el dinero.

Disfruta mejor de las riquezas el que no necesita de ellas. La mayor parte de las cosas que tenemos son innecesarias.

Sobre el placer, según piensa Séneca, a ningún hombre superior le deleitan los placeres bajos. Es propio del hombre grande despreciar los excesos. Se hunden en los placeres los que, arrastrados por sus hábitos, ya no pueden carecer de ellos, pues lo superfluo se les ha vuelto necesario. De este modo, los esclavos de los placeres ya no los disfrutan.

Sobre el cuidado del cuerpo, la salud y la belleza, nos dice el filósofo que es bueno tener cariño por el propio cuerpo, así que cuidemos de él con esmero y evitémosle incomodidades, pero no es bueno convertirse en su esclavo. La regla es vivir conforme a la naturaleza; la salud, en la medida en que es conforme con la naturaleza, será mejor que la enfermedad. No debemos atormentar al cuerpo, ni tampoco aborrecer refinamientos o riquezas, pero sí vivir sin obsesionarnos ni depender en exceso de él.

Con respecto a la aprobación social y la popularidad, importa más cómo te veas tú que cómo te vean los demás. Es preciso vivir sin temor al juicio de los hombres y sin buscar su aprecio ni aceptar su criterio. La gloria después de la muerte es efímera.

3.4.2.2. La virtud es la excelencia de una vida racional

Para Séneca la virtud es el único bien, suficiente para que nuestra mente viva en armonía, es decir, para la felicidad. La virtud es la excelencia de una vida racional que se ajusta a la naturaleza. Quien vive en armonía no tiene conflictos entre bienes ni vacila entre prioridades prácticas, de modo que disfruta del acontecer en coherencia.

Sin embargo, argumenta el filósofo, quizá no se dude de que la virtud sea un bien, pero sí hay quienes dudan de que sea el único bien. En este sentido, se podría argumentar que no es posible ser feliz si, por ejemplo, se tienen privaciones materiales o enfermedades que causan sufrimiento o se está inmerso en el duelo por el fallecimiento de un familiar. Es difícil pensar que alguien pudiera ser feliz en estas condiciones, incluso siendo virtuoso, de manera que, aceptando que la virtud es un bien, habría que aceptar también que no es el único y que, por sí sola, no bastaría para ser feliz. Pero para los estoicos no es así, y Séneca, que es consciente de lo difícil que es no ver cosas como la salud o la riqueza como buenas —es decir, como contribuyentes a la felicidad—, proporciona muchos ejemplos con el fin de demostrar la importancia del desapego de las cosas externas por inseguras. En última instancia, la reflexión sobre este principio se convierte en un programa de vida: continuamente tendremos que volver sobre ella, pues los deseos de felicidad sensible afloran fácilmente.

Todos aquellos que colocan el placer y los bienes materiales en el punto más alto consideran que el bien es sensible. Sin embargo, los estoicos atribuyen la potestad para decidir lo que es deseable a la razón, no a los sentidos. Igual que un barco es bueno si navega bien y no por sus añadidos, un hombre es bueno no por sus añadidos —por sus vestidos, porque es rico o porque es popular—, sino por su bondad. Todas las cosas se valoran por su bondad propia: en cada cual lo mejor ha de ser aquello para lo que nace. En el hombre lo mejor es la razón, pues gracias a ella va por delante de los animales y se acerca a los dioses. Por consiguiente, la razón consumada es su bien propio. La razón, cuando es recta, colma la felicidad del hombre. Esta razón consumada se denomina *virtud* y se equipara a la honradez. Se es bueno si la razón es recta, está desarrollada y se adapta a la naturaleza. Un alma libre somete a todas las cosas, mientras que ella no se somete a ninguna.

La virtud no es la práctica de una determinada conducta conforme con normas que puedan aplicarse siempre del mismo modo, sino una actitud del alma. Los preceptos tradicionales pueden ayudar a dar paz interior, pero solo son el primer paso. Séneca propone un camino de sabiduría y autoperfeccionamiento en la virtud que proviene del interior. El sabio para Séneca es el que perfecciona progresivamente su ser, conduce su razón rectamente y purifica el deseo. En consecuencia, lo importante es que los hombres aprendan qué es lo bueno y qué es lo malo, pero que, además, se sientan comprometidos con la virtud por un vínculo casi religioso que les haga amarla y sentir un temor al borde de la superstición al alejarse de ella, un convencimiento que abarque toda la vida. Por eso, todo será honroso si nos comprometemos con lo honroso y reconocemos que el único bien en las cosas humanas es la virtud. Son la volición y el deseo los que son honestos, no lo realizado como tal.

En última instancia, la vida feliz reside en que la razón sea en nosotros perfecta, el único bien que nunca se debe quebrar. No hay razón para evitar la salud, la calma, la ausencia de dolor o los bienes materiales, pero no porque sean algo bueno, sino porque el sabio los asumirá con criterio, escogiendo bien. La virtud es la condición de la perfección que permite conocer lo que debe soportarse y lo que debe temerse (fortaleza), lo que debe hacerse o desearse (templanza) y lo que es digno de elección (prudencia). La virtud es la perfección del conocimiento, de manera que las virtudes son inseparables: quien posee una virtud las posee todas.

3.4.3. «El fin es vivir conforme a la naturaleza y en armonía con uno mismo»

En el centro del pensamiento de Séneca se encuentra la idea de «naturaleza». La idea de naturaleza tiene dos sentidos complementarios: por un lado, se refiere a todo lo que existe, de manera que la sabiduría consistiría en la aceptación y la conformidad con el orden del mundo; y por otro se refiere a la naturaleza personal, nuestra propia naturaleza, de modo que vivir conforme a ella quiere decir mantenerse coherentes y en armonía con nosotros mismos.

3.4.3.1. Vivir conforme a la naturaleza o la ley del universo

Vivir conforme a la naturaleza significa, según el primero de los sentidos que acabamos de explicar, vivir según el principio que opera el logos o razón universal, llevando a cabo una «conciliación» *(oikeiosis)*[8] del propio ser con aquello que ayuda a conservarlo y que lo perfecciona. La sabiduría se ocupa de la razón eterna, que está en

---

[8] También se traduce como «armonización» o «apropiación».

todo, enseña a conocer, comprender y aceptar los acontecimientos inevitables de la ley del universo. Llamamos virtud a la conformidad por medio de la razón con la ley de la naturaleza, siguiendo su ejemplo de simplicidad y sencillez.

Para los estoicos, la naturaleza entera está regida por un cierto orden eterno que determina causalmente todas las cosas y al que llaman destino o providencia. La ley que rige el universo es el mismo logos divino, y en consecuencia todo en la naturaleza es racional y justo. Desde el punto de vista de la concepción de la realidad, la doctrina estoica es radicalmente materialista: todo lo que sucede está determinado por sus causas o por un encadenamiento de causas.

Podría parecer que esta concepción de la ley del destino sobre la vida pone en duda la posibilidad de una ética o, al menos, plantea dos dificultades importantes. En primer lugar, si todas las acciones están determinadas, entonces para qué actuar, puesto que toda acción resultaría innecesaria. Por ejemplo, para qué estudiar si el resultado ya está escrito, o para qué llamar al médico si alguien está enfermo y la naturaleza va a seguir su curso. Por otro lado, si mis acciones se deben a causas previas, entonces, cuando actúo, en realidad yo no sería responsable de ellas; por el contrario, serían o bien causas externas o bien el mismo mecanismo de procesos íntimos de impulsos naturales los que explicarían mis acciones. Sin embargo, los estoicos no aceptaban esta crítica, pues pensaban que, aunque nuestras acciones no sean independientes de sus causas y existan impulsos que las inducen y fuerzas que nos atraen, no por ello son necesariamente inútiles o irresponsables, pues el agente también es una causa que actúa sobre las cosas y, por tanto, lo que ocurre también depende de nosotros. Debemos, pues, actuar para asegurar las consecuencias y somos responsables de las acciones.

La «conciliación» de todo animal con la naturaleza consiste en que se armoniza o se adapta de modo natural a su constitución. Por ejemplo, el tallo de una espiga al principio es muy frágil, luego se armoniza haciéndose resistente a medida que crece y, por último, se hace flexible y consigue así soportar mejor el peso del fruto. En los animales este proceso de adaptación es parecido: no se trata del fruto de una reflexión, sino que cualquier criatura busca lo que le

conviene y teme lo que podría perjudicarle. El criterio que funda-
menta el valor de las cosas y las acciones es el de vivir conformado
o conciliado con la naturaleza.

Para el ser humano, la conciliación con la naturaleza no es un
mero hecho de supervivencia o adaptación al exterior, como puede
entenderse que sí es para los seres irracionales, pues para el sabio
lo importante no es solo sobrevivir, sino vivir bien: la virtualidad de
la acción misma. El hombre se armoniza a través de la razón. No
hay obra recta si no hay una voluntad recta y «no habrá voluntad
recta si no hay disposición de ánimo recta, pues de tal disposición
proviene la voluntad» (95, 57). Esta disposición recta proviene del
conocimiento de las leyes de la vida, que determina qué hay que
pensar de cada cosa.

Séneca dedica ocho libros al estudio de lo que llama las *cuestiones naturales:* las nubes, la lluvia, los relámpagos, el viento, come-
tas, terremotos... Pero lo que nos importa es descubrir su intención:
la explicación racional de los fenómenos naturales nos libera de la
superstición y el miedo, que son fruto de la ignorancia. La naturaleza no es algo aterrador, sino algo de lo que formamos parte. Quien
lo comprende puede vivir una vida más racional. Séneca pretende,
además, contrastar la belleza de la naturaleza con la fealdad de la
crueldad humana. Por último, para Séneca mirar la vida humana desde la perspectiva del universo nos permite tomar distancia de nuestras preocupaciones, pues desde ella se percibe la insignificancia
de nuestros «problemas»: las riquezas, las fronteras, los conflictos...

El estudio de la naturaleza pretende que entendamos y acepte-
mos con resignación sus hechos como inevitables: aceptar el destino, pero sabiendo que no es el responsable de nuestra felicidad,
sino que la vida es plena cuando tiene dominio sobre sí misma en
aquello que depende de ella. De esta manera se definen las que podemos considerar como necesidades primarias, y todo lo que esté
más allá de este mínimo es superfluo, lo cual justifica romper con
la dependencia de las cosas materiales.

Finalmente, y ante todo, Séneca nos invita a aceptar el hecho
más determinante de cuantos nos afectan: la limitación y finitud
humanas, pues los seres humanos somos mortales. La muerte forma
parte de la vida conforme a una ley natural, y en el origen de la vida

está ya prescrito su fin, aunque no sepamos cuándo ni cómo llegará. Por consiguiente, el mismo conocimiento científico nos permite mirar a la muerte sin temor. La filosofía nos prepara conscientemente para ella y nos impulsa a vivir la vida con intensidad, pues ser libre según la ley de la naturaleza implica estar preparado para morir en cualquier momento. Para Séneca, todo está contenido en una sola jornada, de manera que hay que organizar el día siendo conscientes de esta plenitud, como si cada día fuera el último, como si con él se completara la vida y al acostarnos pudiéramos decir, contentos y risueños, «he vivido».

3.4.3.2. La naturaleza interior: la suspensión de las emociones

Esta idea de la conciliación se complementa con la concepción materialista del alma. El filósofo defiende que el alma es un cuerpo. Si el alma fuera incorpórea, entonces no podría sentir, ni podría actuar sobre los cuerpos. El alma es un *pneuma*, literalmente un «aliento» de vida o principio activo que proporciona dos capacidades humanas exclusivas: recibir información perceptiva de su entorno formando representaciones y crear impulsos de motivación para la acción.

La facultad que diferencia al ser humano de otros seres es la capacidad de «asentimiento» *(suskatathesis),* una capacidad de la voluntad que consiste en poder reconocer una proposición como verdadera. Nos permite adoptar una postura crítica ante nuestras impresiones y aceptarlas cuando se las considera ciertas, o, por el contrario, suspender el asentimiento (disentir) cuando se consideran erróneas. Por lo tanto, no somos pasivos en el conocimiento, sino que está en nuestro poder asentir únicamente a aquellas impresiones que se ajustan a la verdad. Y lo mismo podemos decir con respecto a los impulsos, pues el impulso es el desencadenante, pero nosotros somos responsables mediante la voluntad libre del asentimiento, necesario para desencadenarla o suspenderla si consideramos que no es apropiada.

Por eso, el momento más importante de la voluntad recta es el del conocimiento de las leyes de la naturaleza íntima por las que el alma permite o prohíbe el impulso. Séneca diferencia entre *ímpetus* o afecciones involuntarias, provocadas por la representación que nos hacemos de algo, y las emociones, que implican el asentimiento y, por tanto, son voluntarias. El ímpetu es la primera reacción, como sucede por ejemplo con la ira provocada por la percepción de una injusticia, o por la muerte de alguien cercano; sin embargo, en el sabio, sensible como todos al dolor, el juicio interviene precisamente para evaluar el ímpetu, para comprender las causas conforme a las leyes de la naturaleza o las leyes que rigen los deseos o los miedos de los seres humanos que nos causan daño y entender, así, que los males externos son solo aparentes. Seamos sabios o necios, está en nuestro poder asentir o no a nuestros impulsos y desencadenar o no una reacción ante un ímpetu (por ejemplo, en el caso de un anhelo de venganza). Nuestro juicio es, en suma, responsable de alcanzar la autonomía del alma o la sumisión a las cosas externas. Todo depende del asentimiento, que nos permite distanciarnos de las emociones.

El objetivo del sabio, por tanto, es no tener emociones. Alcanzar la *apatheia (a-pathós:* sin pasión o sufrimiento) y ser imperturbable, impasible a todo padecer, ecuánime[9], sereno ante la desgracia o la pérdida. Las emociones tienden a dominar la vida y hacer perder la racionalidad. El mal consiste en ceder a aquellas emociones y pasiones que nos quitan la libertad, someterse a sus mandatos. La acción virtuosa es aquella que es libre en el sentido de ser plenamente razonable, liberada de los ímpetus irracionales de la mente, como las emociones y los miedos.

El juicio adecuado necesita de un verdadero conocimiento de la realidad, pero requiere también el conocimiento y dominio de nosotros mismos para superar las debilidades del alma y las falsas opiniones sobre los valores. El alma verdaderamente conocedora de lo que hay que rechazar y de lo que hay que buscar no se deja influir por impresiones externas ni por los azares de la suerte; situada por encima de contingencias y accidentes, es imperturbable, sobria, intrépida: no le quebranta ninguna violencia ni circunstancia. Séneca lo resume en forma de argumento: «Quien es sabio es también moderado; quien es

---

[9] Significa «constante en el ánimo».

constante es también imperturbable; quien es imperturbable vive sin tristeza; quien vive sin tristeza es dichoso; luego el sabio es dichoso y la sabiduría basta para una vida dichosa» (85, 2).

3.4.4. La unión cosmopolita de todos los hombres

Para Séneca, como para el resto de los estoicos, todos los hombres forman parte de un todo, una gran familia, una ciudad universal o cosmópolis. En consecuencia, el sabio justo tiene en cuenta en sus acciones un universo más amplio que su propia comunidad, como en círculos concéntricos de pertenencia desde lo privado, pasando por la familia, lo local, la política del Estado y, por último, la identificación con el universo. Si todos los seres humanos están unidos por una misma ley universal, todos los hombres somos «ciudadanos del mundo». El mismo concepto que hemos visto antes como conciliación con la naturaleza, *oikeiôsis,* se presenta ahora como la idea de una conciliación o afinidad entre los hombres: si el mayor bien es vivir conforme a la naturaleza, el mayor bien para el hombre es vivir en conformidad con los demás hombres. Esta idea contiene, para Séneca, la importancia de la amistad y la acción en beneficio de los demás.

Una vida virtuosa es beneficiosa, aunque aparentemente quien la vive no haga nada extraordinario: su serenidad, la paz del alma, la paciencia, infunden armonía en la vida de quienes conviven con ella o él. Según la situación personal, podemos estar en mejores condiciones de beneficiar a los demás como filósofos, como docentes o como senadores romanos. Lo que se requiere de cualquier hombre es que sea útil a los demás hombres: si es posible, a muchos, y, si no, al menos a sí mismo mediante la virtud privada.

La amistad también es un tema importante para Séneca. Defiende que solo el sabio puede ser un verdadero amigo, porque no busca la amistad para su provecho o conveniencia, sino para practicarla en virtud de la realización personal. Se trata de una capacidad que tiene que ser cultivada en el proceso de alcanzar la plenitud individual. El sabio aprende a renunciar a falsas necesidades y se contenta consigo mismo, pero no en el sentido de no necesitar amigos, sino de no buscarlos para su propio beneficio; y precisamente porque no tiene necesidad puede regalar la amistad: «¿Para qué ganar un amigo? Para tener por quien pueda yo morir, para tener a quien acompañar en el destierro, alguien por cuya vida ofrecer y comprometer la mía» (9, 10).

Séneca se plantea la correspondencia entre hacer un favor y la deuda que este genera[10]. Hay que ser generoso —nos dice— aunque no haya correspondencia ni gratitud. Cuando se recibe un bien, lo importante es con qué voluntad se hizo y no el valor de lo que se recibe. Por eso dice que solo el sabio sabe devolver un favor; igual que nadie como él sabe otorgar un beneficio, porque se alegra más por haber dado que el otro por haber recibido, y, del mismo modo, el sabio sabe perdonar, pues desdeña los males sufridos. La conclusión de Séneca es que solamente el sabio, en cuanto desprendido, es amigo; solo él es leal; solo él sabe amar.

De un modo especial, para los estoicos, la participación en la vida política pretende hacer el bien. No hay oposición entre filosofía y vida pública, aunque a veces recomienden retirarse del bullicio. En este sentido, Séneca[11] reflexionó sobre la obligación del sabio de ser útil a los hombres. Escribió el *De Clementia*, dedicado a Nerón, donde encontramos una teoría del poder político fundada en los principios del estoicismo. Para él, el espíritu del verdadero poder consiste en no reconocer ninguna otra autoridad que la que procede de la razón. Consideraba que el deber de un hombre capaz y formado es asumir la responsabilidad de participar en la vida pública con justicia. Pero eso siempre que no se pierda la independencia espiritual y que no tenga como objetivo riquezas, honores o placeres. Lo que conviene salvaguardar por encima de todo es la tranquilidad del alma, el equilibrio interior. Para eso es preciso que antes de emprender cualquier actividad o asumir responsabilidades examinemos despacio tres cuestiones: primero, nuestra propia naturaleza y su capacidad para la función; después, la naturaleza de los asuntos a los que pensamos dedicarnos, y, por último, la naturaleza de los hombres en cuya compañía tendremos que actuar.

---

[10] *Sobre los beneficios.*
[11] Especialmente en *De tranquilitate animi.*

4. Marco Aurelio

4.1. *Vida*

Marco Aurelio fue emperador romano durante el siglo II. En su correspondencia, y especialmente en sus *Meditaciones,* encontramos una oportunidad única para estudiar cómo una persona —y también un emperador— intenta con extraordinaria honestidad aplicar los principios del estoicismo en la práctica de su vida.

Nació en el año 121. Su padre, Vero, formaba parte de una familia bien situada políticamente, puesto que su abuelo Annio Vero tenía la confianza del emperador Adriano. El padre de Marco murió cuando él era todavía un niño de 3 o 4 años, por lo que él fue adoptado por su abuelo paterno.

El emperador Adriano se fijó pronto en él. Eligió como sucesor a Antonino, casado con una hija de Annio Vero y, por lo tanto, tío de Marco, pero le puso como condición prohijar a Marco para que fuera su sucesor a su muerte, por lo que este adoptó su apellido y pasó a llamarse Marco Aurelio. El afecto y el reconocimiento de Marco Aurelio por su padre adoptivo se muestran en una larga meditación en la que describe más al hombre virtuoso que al gobernante:

> De mi padre la gentileza, la firmeza sin oscilación en decisiones previamente analizadas; no vanagloriarse en lo que se considera motivo de honras; ser amigo del esfuerzo y de perseverar; prestar oídos a quien tiene algo en bien del común que proponer; no dejarse pervertir al distribuir a cada uno según su valía; tener experiencia de cuándo se necesita un esfuerzo sin desmayo y cuándo relajación... (1.16).

En el año 161, Antonino Pío murió y Marco Aurelio fue nombrado soberano. Los casi veinte años (161 a 180) de reinado de Marco Aurelio fueron muy complejos. El emperador, de voluntad generosa y pacífica, tuvo que hacer frente a levantamientos continuos en las fronteras, dificultades económicas que le llevaron incluso a subastar parte del tesoro imperial, conspiraciones internas, la peste; luchas y triunfos que le otorgaron reconocimiento y respeto, pero que terminaron enfermándolo y debilitándolo hasta la muerte en 180.

Más allá de los conflictos fronterizos, el reinado de Marco Aurelio es una muestra de su extraordinaria concepción política. Destacó por un intenso trabajo de reforma legal y de la administración de justicia, pero hay tres direcciones principales que nos gustaría destacar porque manifiestan su concepción estoica[12]. La primera es la cuestión de las reformas legales por las que se permitió liberar a los esclavos con ciertas garantías; la segunda, el nombramiento de tutores de huérfanos y menores, y la tercera, la selección de consejeros y administradores locales encargados de gestionar las provincias.

Una muestra de un trabajo incansable por la reforma legal y la protección de los más débiles.

4.2. Las «Meditaciones»

Meditaciones, a veces traducido como «soliloquios», es un conjunto de reflexiones que Marco Aurelio escribió para sí mismo durante los últimos años de su vida, mientras se encontraba acampado con la Legión en la frontera del norte. Algunos de los fragmentos parecen pequeños ensayos escritos con una retórica ejemplar, mientras que otros constituyen más bien una colección de aforismos o sentencias concisas y secas, como si se tratara de un destilado de preceptos.

En consecuencia, en las Meditaciones no hay un hilo conductor claro, sino que se dan repeticiones y cambios continuos de tema. Tampoco son unas memorias, y no resulta fácil saber en qué realidad concreta está pensando, ni si se refiere a alguna situación personal. En resumen, las Meditaciones son la expresión intelectual de un hombre que es capaz de mirar la vida con perspectiva más allá de los acontecimientos concretos.

La obra está dividida en doce libros. El libro I parece escrito posteriormente, ya que tiene una temática completamente distinta de la de los otros y constituye un ejercicio de reconocimiento a familiares y amigos. Los demás no tienen un tema específico más allá de una constante interpretación estoica de la vida: la brevedad de la exis-

---

[12] A. Birley, Marco Aurelio, Madrid, Gredos, 2025.

tencia y el transcurrir del tiempo; la fidelidad al imperativo de vivir conforme a la naturaleza; la incertidumbre de la fama y de los valores mundanos; aceptar el destino y afrontar el dolor y la muerte, a las que dedica de forma melancólica buena parte de sus reflexiones; vivir con libertad, sencillez y modestia; actuar con benevolencia y evitar la cólera, intentando entender qué mueve a las personas, y, sobre todo, la unidad de los hombres como ciudadanos del mundo. En general podemos encontrar un tono resignado ante las adversidades y las injusticias humanas, en cierto modo desesperanzado. El destino y la muerte deben ser acogidos como curso eterno de la naturaleza, ante lo cual el sabio se mantiene firme, impasible, sereno.

Como no es posible tratar todos los temas de las *Meditaciones*, nos centraremos aquí en aquello que nuestro autor considera importante para guiar la vida personal, y es que, para Marco Aurelio, vivir bien es buscar la armonía con la naturaleza. Pero eso significa aprender qué es lo bueno, apartándose de la creencia común y de los impulsos y deseos. Un programa que podemos resumir en dos principios:

1) Aprender a aceptar con imperturbabilidad lo que viene del exterior.
2) Actuar conforme a la virtud y la justicia.

4.2.1. Aceptar con imperturbabilidad lo que suceda por una causa externa como parte de un todo

Marco Aurelio defiende con insistencia que la actitud racional consiste en aceptar que el cosmos es un todo diseñado racionalmente conforme a una naturaleza común. La naturaleza o el universo se identifica con la voluntad de Dios: «Se armoniza conmigo todo lo que para ti es armónico, universo [...]. De ti viene todo, en ti está todo, hacia ti se dirige todo» (IV, 23). Al animal racional le ha sido dada la capacidad de acomodarse voluntariamente a los sucesos. Para Marco Aurelio, ser libre significa ser consciente de qué nos mueve interiormente, progresar hacia la libertad humildemente aprendiendo a soportar y controlar los impulsos, los deseos y la cólera. Deberíamos acoger el destino y conformar nuestro deseo a lo que nos sucede, o al menos restringir el deseo a aquello que está en nuestro poder y depende de nosotros. Detener el impulso y el apetito para que la voluntad esté bajo el propio mando. El mayor bienestar es la conciencia de someterse al buen orden.

Marco Aurelio lo expresa mediante una oposición: o bien el universo está estructurado de manera que todo lo que sucede está diseñado por la razón providencial de un Dios, como piensan los estoicos, o bien todo está removido, reunido conforme a una colección de átomos, pero disgregados, sin orden, como piensan los epicúreos. En cualquiera de los casos, la única opción es aceptar el destino, porque, si las cosas están ordenadas, no pueden ser mejores de lo que son, y si, por el contrario, reina la casualidad, entonces es inútil quejarse, porque nadie escucha, y es inútil enfadarse con las adversidades, porque a ellas les da igual. Para Marco Aurelio, el caos es únicamente aparente, pues el universo es como una ciudad en la que cada parte está gobernada de manera que sirve al bien del conjunto. Hay una contradicción entre mostrar enfado con cualquier cosa que suceda y creer que el mundo tiene sentido por estar gobernado por la providencia racional. La única opción es despreciar el dolor, la muerte, la reputación y todos aquellos bienes o males que vienen del exterior y que no dependen de uno mismo, porque son inevitables.

Para vivir conforme al orden de la razón, es preciso aprender a valorar correctamente, aprender a ver cómo es realmente cada cosa, analizarla, descomponer sus partes, situarla en un contexto más amplio. Nada inspira mayor grandeza de ánimo que desenmascarar de forma sistemática los sucesos de la vida y ver siempre en su interior qué es y a partir de qué está compuesto para, así, poder considerar el verdadero valor de cada cosa. Por ejemplo, sopesar que una comida suntuosa es el cadáver de un pez, un pájaro o un cerdo, o que la cópula es solo un frotamiento de entrañas. Esta forma de descomponer, reduciendo las cosas materialmente, nos permite descubrir el verdadero valor que tiene aquello que admira la gente: «Así hay que actuar a lo largo de la vida, cuando nos representamos que las cosas son respetabilísimas, desnúdalas, comprueba su escaso valor y acaba con el cuento que las hace majestuosas» (VI, 13). Cuando algo te produce atracción, «vuélvelo al revés y mira cómo es», cómo envejece. Esta forma de mirar, situando cada cosa en su lugar en función del orden del cosmos, nos permite también descubrir la belleza escondida más allá de la apariencia deforme de aquello que está en consonancia con la naturaleza. Marco Aurelio expresa continuamente su admiración por la armonía, la belleza y la bondad del cosmos considerado en su conjunto, como totalidad.

A esto lo llama Marco Aurelio «borrar las representaciones». Tu reflexión será según sean tus representaciones, nos dice el filósofo, y se refiere a suspender el juicio de valor o la opinión que mueve a la pasión, el impulso o el apetito, pues la razón está en el interior y hasta ella no penetra ningún mal. Suspender la representación que tenemos de las cosas supone que las cosas no son ni buenas ni malas, todo depende del juicio o valoración que hacemos de ellas, y suspenderlos está en nuestro poder: el bien solo es la virtud. Igual que planteábamos en Séneca, esto no quiere decir que sean relativas, sino que hay que aprender a descubrir el verdadero valor. La felicidad reside en el conocimiento de aquellas cosas que dependen de nosotros. Mira qué es lo que en realidad provoca esa representación y analiza la causa y el significado.

4.2.2. Actuar de acuerdo con la justicia cosmopolita

Para Marco Aurelio, el concepto central que une a un ser humano con el resto es la idea de la ciudadanía universal: hemos nacido para la participación común, con una razón común, unos deberes comunes de acuerdo con la idea de una gran ciudad.

Actuar con justicia es actuar conforme al mismo principio de unidad con todas las cosas y con todos los seres humanos, como ciudadanos de una comunidad universal: «No hay diferencia entre aquí y allí si uno está en todas partes como en una ciudad que es el universo». Como consecuencia, debemos actuar pensando en el bienestar de la humanidad entera. La idea de la vida como servicio a los demás está muy presente en el pensamiento de nuestro filósofo: somos integrantes de una sociedad, de manera que cada acción debe integrarse en la vida social, porque lo que no se remita al fin social despedaza la armonía de la vida personal. Un hombre que se desgaja de un solo hombre por el odio queda cercenado del conjunto de la comunidad. Por tanto, avanza por buen camino la naturaleza racional que conduce sus impulsos hacia tareas comunitarias y se conforma con lo asignado por la naturaleza común.

No hay conflicto entre el bien individual y el de la comunidad de la que forma parte. Lo que le conviene a cada hombre le conviene al todo, de manera que lo que le conviene también conviene a los demás, puesto que la armonía del todo depende de lo que le sucede a cada parte y, a la vez, la naturaleza del todo es buena para cada parte. Cuando Marco Aurelio defiende la conveniencia común, no se refiere únicamente a un bien virtuoso o espiritual: lo conveniente se refiere también a los bienes intermedios, aunque sean indiferentes. A cada uno le convienen ciertas cosas según su naturaleza, por lo que también el cuidado del cuerpo puede ser conveniente. Eso sí, siempre que no se confunda esto con el bien; es decir, que, si alguien te pide pan, no le respondas que ni la comida es un verdadero bien ni el hambre un mal, sino que son solo aparentes. Que cada uno tenga lo conveniente según la naturaleza es un bien. Eso no significa que se actúe por compasión —una mala emoción que, para Marco Aurelio, es fruto de la ignorancia—, pero ayudar a los hombres en lo posible no es malo.

De aquí nace un principio rector que marca la vida feliz: no darse media vuelta ante ningún hombre ni ante nada de lo que les sucede a los hombres, no hacerse el distraído, mirar siempre con benevolencia y amabilidad, escuchar —dice— y meterse en el alma del que habla. Cada cosa ha nacido para algo; tú, entonces, ¿para qué lo has hecho? ¿Para complacerte? La satisfacción para el hombre es hacer lo propio del hombre, que es la benevolencia con lo connatural, con los demás hombres.

Un aspecto importante en la convivencia, y especialmente en la situación de autoridad, para el filósofo, es la reacción ante la ofensa recibida. Marco Aurelio recuerda la actitud y responsabilidad de quien tiene el mando porque los unos, inferiores, dependen de otros superiores, que a su vez dependen de otros. Nadie debería dejarse llevar por los impulsos, pues pierde la libertad. La cólera va contra la razón y contra la naturaleza, y por ello es necesario comprender de dónde viene el error que la inspira y qué impulsos se apoderan de quienes actúan de este modo.

Quienes no actúan rectamente, lo hacen contra su voluntad y por ignorancia. Además, has de considerar que tú también cometes muchos errores o puedes caer en esas mismas actitudes. En último caso, has de recordar que, mientras que la cólera provoca males mayores, la amabilidad es invencible.

BIBLIOGRAFÍA

BIRLEY, A., *Marcus Aurelius,* Londres, Routledge, 2000. [Trad. esp.: *Marco Aurelio,* trad. de J. L. Gil, Madrid, Gredos, 2025].

DURAND, SHOGRY y BALTZLY, «Stoicism», *The Stanford Encyclopedia of Philosophy,* ed. de E. N. Zalta y U. Nodelman, primavera de 2023.

GARCÍA GUAL, C., e IMAZ, M.ª J., *La Filosofía Helenística,* Madrid, Síntesis, 2008.

GRIMAL, P., *Sénèque,* París, Les Belles Lettres, 1978. [Trad. esp.: *Séneca,* trad. de J. Terré, Barcelona, Gredos, 2023].

HADOT, P., *La Citadelle Intérieure,* París, Fayard, 1992. [Trad. esp.: *La ciudadela interior,* trad. de M. Cucurella, Barcelona, Alpha Decay, 2013].

INWOOD, B., *Stoicism: A Very Short Introduction,* Oxford, Oxford University Press, 2018.

KAMTEKAR, R., «Marcus Aurelius», *The Stanford Encyclopedia of Philosophy,* ed. de E. N. Zalta y U. Nodelman, verano de 2025.

MARCO AURELIO, *Meditaciones,* ed. de Francisco Cortés y Manuel J. Rodríguez, Madrid, Cátedra, 2001.

RIST, J. M., *La filosofía estoica,* trad. de D. Casacuberta, Barcelona, Ariel, 2017.

SÉNECA, *Cartas a Lucilio,* ed. de Francisco Socas, Madrid, Cátedra, 2018.

VOGT, K., «Seneca», *The Stanford Encyclopedia of Philosophy,* ed. de E. N. Zalta y U. Nodelman, verano de 2025.

Cartas a Lucilio

Séneca

1

1. Obra del siguiente modo, amigo Lucilio: reivindica ante ti tu propia persona y recoge y guarda el tiempo que hasta ahora o bien te quitaban, o bien te escamoteaban, o bien se perdía. Convéncete de que esto es tal como te lo escribo: algunos momentos nos los arrebatan, otros nos los sustraen, otros se disipan. Sin embargo, la pérdida más bochornosa es la que tiene lugar por descuido. Y si quieres hacerme caso, gran parte de la vida se nos escapa obrando mal, la mayor parte sin hacer nada, la vida entera haciendo otra cosa. 2. ¿Quién, dime un nombre, le pone un precio a su tiempo, tasa su jornada y comprende que cada día se está muriendo? Porque nos equivocamos en eso de ver la muerte como algo futuro: gran parte de ella ya ha transcurrido, cualquier momento de tu vida pasada lo tiene la muerte. Sigue haciendo, pues, amigo Lucilio, lo que me escribes que haces: abraza todas las horas; sucederá así que dependerás menos del mañana, si te posesionas del día de hoy. Se pasa la vida en tanto que se aplaza. 3. Todo, Lucilio, es ajeno, solo el tiempo es nuestro; la naturaleza nos ha instalado en esta única propiedad, huidiza y resbalosa, de la que nos echa quien quiere. Y tanta es la necedad de los mortales, que consienten en que se les considere deudores de los bienes más insignificantes y baratos —recuperables en todo caso— cuando los consiguen, mientras que ninguno cree que deba nada si recibe tiempo, que es lo único que ni el agradecido siquiera puede devolver.

4. Tal vez te preguntes qué hago yo al darte estos consejos. Te lo confesaré francamente: lo que ocurre en casa del hombre pródigo pero previsor: llevo la cuenta de mis gastos. No puedo decir que no pierda nada, pero sé lo que pierdo y por qué y cómo. Daré razón de mi pobreza. Pero sucede conmigo lo que con muchos que se han visto reducidos a la necesidad sin su culpa: todos los compadecen, ninguno los ayuda. 5. ¿Qué pasa entonces? No considero pobre a quien tiene bastante con lo poquito que le queda, sea lo que sea. En tu caso, sin embargo, prefiero que conserves lo que tienes, y habrás empezado en buena hora. Porque tal como pensaban nuestros antepasados, «el ahorro tardío se queda en el fondo de la tinaja»; y en el fondo no solo queda poco, sino lo peor. Adiós.

5

1. El que te empeñes obstinadamente y, prescindiendo de todo, procures únicamente hacerte mejor cada día lo apruebo y me alegro de ello, y no solo te animo a que sigas, sino que además te lo pido. Ahora bien, te advierto que, a la manera de los que no ansían progresar sino aparentar, no hagas dentro de tu compostura y régimen de vida ninguna cosa que sea llamativa. 2. Evita el aspecto desaliñado y el cabello sin cortar y la barba algo descuidada y el aborrecimiento declarado a la plata y el camastro puesto en tierra y cualquier otra cosa que pretenda ostentación por medios tortuosos. Ya por sí solo el concepto de filosofía, incluso si se las compone uno con él moderadamente, despierta suspicacias. ¿Qué pasará si intentamos excluirnos de la condición humana? Que por dentro todo sea distinto del vulgo, pero que nuestra apariencia esté de acuerdo con él. 3. Que no reluzca nuestra toga, pero que tampoco esté sucia;

no tengamos plata en la que se haya incrustado orfebrería de oro macizo, pero no consideremos prueba de frugalidad el estarse sin oro y plata. Procuremos justamente llevar una vida mejor que el pueblo, no la contraria. De otro modo, espantamos y alejamos de nosotros a quienes queremos enmendar; también conseguimos precisamente que no quieran imitar nada de nosotros, por temer que tengan que imitarlo todo. 4. Lo principal que pretende la filosofía es sentido común, cortesía y sociabilidad; de tales supuestos nos separará la extravagancia. Procuremos que esas cosas con las que queremos granjearnos admiración no sean ridículas y antipáticas. Porque nuestro programa es vivir según la naturaleza; va contra la naturaleza atormentar el propio cuerpo y aborrecer refinamientos asequibles y buscar la cochambre y consumir alimentos no ya baratos sino asquerosos y repugnantes. 5. Al igual que ansiar exquisiteces es propio del lujo, así es propio de la locura rechazar las cosas corrientes y asequibles por no mucho dinero. La filosofía requiere frugalidad, no penitencia; y puede haber, con todo, una frugalidad no exenta de refinamiento. Esta es la regla que me gusta: que la vida se atempere entre las buenas costumbres y las públicas; que todos recelen de nuestra vida, pero que la aprueben. 6. ¿Qué, pues? ¿Haremos lo mismo que los demás? ¿No habrá ninguna diferencia entre ellos y nosotros? Muchísima: que sepa que somos diferentes del vulgo el que nos examina de cerca; el que entre en nuestra casa que se admire más de nosotros que de nuestro ajuar. Es un hombre grande aquel que usa la vajilla de barro como una de plata, pero no es menor aquel que usa la de plata como la de barro; es propio de un espíritu débil no poder soportar las riquezas.

7. Mas para compartir contigo también la pequeña ganancia de hoy: en nuestro Hecatón he hallado que el fin de los deseos aprovecha también para remediar el temor. «Dejarás de temer»,

dice, «si dejas de esperar». Dirás: «¿Cómo esas cosas tan diversas corren a la par?». Así es, mi querido Lucilio: aunque parezcan dispares, están unidos. Al igual que una misma cadena traba al soldado y al prisionero, así estas cosas que son tan desemejantes corren a la par: a la esperanza le sigue el miedo. 8. Y no me extraña que sea así: lo uno y lo otro corresponde a un espíritu dependiente, lo uno y lo otro a un espíritu angustiado ante la expectativa del porvenir. Pero la causa principal de ambas cosas es que no nos adaptamos a la situación presente, sino que echamos nuestra imaginación muy hacia adelante; de esta manera, la previsión, el mayor bien dentro de la condición humana, se convierte en un mal. 9. Las bestias huyen de los peligros que ven; cuando ya han escapado del todo se están tranquilas; nosotros nos atormentamos tanto por el mal venidero como por el pasado. Muchos bienes nuestros nos perjudican; la memoria, en efecto, nos trae el tormento del temor, la previsión lo anticipa; nadie es desgraciado solo por la situación presente. Adiós.

9

1. Quieres saber si con razón Epicuro en cierta carta critica a quienes dicen que el sabio se contenta con sí mismo y que por eso no necesita de amigos. Tal cosa se le reprocha a Estilbón por parte de Epicuro, y a aquellos que creen que el bien supremo consiste en un alma no-paciente. 2. Es forzoso caer en ambigüedad si quisiéramos expresar la ἀπάθεια [imperturbabilidad] sin más en una sola palabra, diciendo «impaciencia», pues puede entenderse acaso lo contrario de lo que queremos decir. Nosotros queremos referirnos al alma que rechaza la sensación de todo mal; se entenderá el alma que no puede soportar ningún mal. Mira entonces si no sería mejor decir «alma impasible» o «alma puesta a recaudo

de todo padecimiento». 3. Esta es la diferencia entre nosotros y ellos: nuestro sabio supera desde luego toda molestia, pero la siente; el de ellos ni siquiera la siente. Tanto nosotros como ellos compartimos eso de que el sabio debe contentarse consigo mismo. Pero, pese a todo, el nuestro quiere tener amigos y vecinos y camaradas, aunque se baste consigo mismo. 4. Mira hasta qué punto se contenta consigo: a veces se contenta con una porción de sí. Si un enemigo o una enfermedad le cortara una mano, si algún accidente le saltara un ojo o los dos, lo que le queda le bastaría y con el cuerpo mermado y amputado estaría tan feliz como con él entero; ahora bien, aunque no eche en falta lo que perdió, prefiere no perderlo. 5. El sabio se contenta consigo mismo no de manera que desee estar sin amigos sino de manera que pueda estarlo; y este «pueda» que te digo supone lo siguiente: en el caso de perderlo, lo sobrelleva con serenidad. Por supuesto nunca estará sin amigos: tiene en sus manos la posibilidad de una sustitución más o menos rápida. Al igual que un Fidias si echa a perder una estatua inmediatamente se fabricará otra, así este artesano de amistades hacederas pondrá otro en lugar del perdido. 6. ¿Quieres saber cómo se puede hacer un amigo rápidamente? Te lo diré siempre que acuerdes conmigo que te pague lo que te debo y que arreglemos cuentas por lo que toca a esta carta. Dice Hecatón: «Yo te enseñaré un filtro amoroso sin drogas, sin hierbas, sin ensalmos de hechiceras: si quieres que te quieran, quiere tú». De otra parte no solo la experiencia de una amistad antigua y firme encierra gran deleite sino también los comienzos y la adquisición de una nueva. 7. La diferencia que hay entre el campesino que cosecha y el que siembra, esa misma se da entre el que se ha ganado un amigo y el que se lo está ganando. Átalo el filósofo solía decir que es más gustoso hacer amigos que tenerlos, «tal como para el pintor es más gozoso estar pintando que acabar de pintar». Ese afán ocupado en su propia obra encierra un gran deleite dentro de la ocupación como tal: no se deleita igual el que retira sus manos de la obra acabada. Ahora disfruta del producto de su arte; cuando pintaba disfrutaba del propio arte. La juventud de los hijos es más productiva, pero su infancia es más agradable.

8. Volvamos ahora al tema inicial. El sabio, por más contento que esté consigo mismo, quiere sin embargo tener amigos, si no por otra cosa, por practicar la amistad, no vaya a ser que una cualidad tan importante quede relegada; no por aquello que decía Epicuro en esa misma carta, «por tener quien le atienda a uno en la enfermedad, le socorra a uno si cae preso o empobrece», sino precisamente para tener alguien al que uno socorra en la enfermedad, al que uno libere si queda cercado en prisiones enemigas. Quien pone sus miras en sí mismo y por ello recurre a la amistad, mal discurre. Tal como es su comienzo, así será su final: se ganará un amigo para que le preste ayuda contra las ataduras; en cuanto resuene la cadena, le abandonará este. 9. Esas son las amistades que la gente llama ocasionales; si escoges a uno por tu interés propio, te agradará en tanto en cuanto sirva a tus intereses. Por esta razón a los triunfadores los rodea una caterva de amigos, en torno a los fracasados es el desierto, y los amigos huyen del sitio donde se les pone a prueba; por esta razón se dan todos esos casos criminales de unos que por miedo dan la espalda, de otros que por miedo traicionan. Es necesario que los comienzos y el final anden bien emparejados: quien comenzó a ser amigo porque le convenía también dejará de serlo porque le conviene; alguna recompensa contraria a la amistad gustará, si es que alguna gusta en ella aparte de ella misma. 10. «¿Para qué ganar un amigo?». Para tener por quien pueda yo morir, para tener a quien acompañar en el destierro, alguien por cuya vida ofrecer y comprometer la mía: esa que tú pintas es mercadería, no amistad, pues se orienta al bienestar propio y atiende a qué es lo que puede conseguir. 11. Sin duda el sentimiento de los enamorados encierra cierta semejanza con la

amistad; se podría decir que es una suerte de amistad enajenada. Porque ¿acaso alguien vive amores por afán de lucro? ¿Acaso por ambición o prestigio? Por sí solo el amor, descuidando todo lo demás, enardece los corazones para que, sin dejar de esperar correspondencia en el cariño, ansíen belleza. 12. Entonces ¿qué? ¿A partir de una cosa buena surge a la par un sentimiento vergonzoso? «No se trata ahora», dirás, «de saber si la amistad hay que buscarla por sí misma». De ningún modo, no hay nada que más merezca nuestra aprobación, ya que, si hay que buscarla por sí misma, puede aproximarse a ella quien se contenta consigo mismo. «¿Cómo, pues, puede aproximarse a ella?». Como se aproxima uno a un bien muy hermoso, sin dejarse llevar por el interés ni asustarse con los cambios de la suerte; le quita a la amistad su prestigio quien se la granjea para buenos sucesos.

13. «El sabio se contenta consigo mismo». Este dicho, querido Lucilio, lo interpreta mal la mayoría: remueven al sabio de todas partes y lo aprietan dentro de su propio pellejo. Pero hay que distinguir qué y hasta dónde apunta esta frase: el sabio se contenta consigo a fin de vivir feliz, no a fin de vivir; para esto último tiene necesidad de esas muchas cosas que sabemos, para lo otro solo tiene necesidad de un espíritu cuerdo y elevado y despreciador de la suerte. 14. Quiero también señalarte la distinción que hizo Crisipo. Dice que el sabio no echa en falta ninguna cosa y sin embargo tiene necesidad de muchas, «el necio por el contrario no tiene necesidad de ninguna cosa (pues no sabe valerse de ninguna), sino que echa en falta todas». El sabio tiene necesidad de las manos y de los ojos y de muchas cosas precisas para la vida diaria, no echa en falta ninguna cosa; echar en falta es propio de la necesidad, no necesitar nada corresponde al sabio. 15. En consecuencia, aunque se contente consigo mismo, tiene necesidad de amigos; quiere tener los más que pueda, no para vivir feliz, ya que también sin amigos vivirá feliz. El bien supremo no busca medios

fuera de sí; se le practica en casa, a partir de sí resulta todo completo; viene a quedar sometido a la suerte si busca fuera cualquier porción de sí mismo. 16. «No obstante, ¿cómo sería la vida del sabio si se quedara sin amigos y lo metieran en prisión, o se viera abandonado en medio de una nación extraña o entretenido en una travesía inacabable o tirado en una costa desierta?». Sería su vida como la de Júpiter cuando, al descomponerse el mundo y entremezclarse los dioses en uno solo, en la lenta parada de la naturaleza, descansa consigo entregado a sus propios pensamientos. 17. El sabio hace algo parecido: se encierra en sí mismo, se queda consigo. Desde luego, en tanto en cuanto se le permite organizar sus cosas a voluntad, se contenta consigo y toma esposa, se contenta consigo y hace hijos; se contenta consigo y pese a todo no viviría si tuviera que vivir sin nadie. No lo arrastra a la amistad ningún interés propio sino un acicate natural, ya que tal como hay en nosotros un deleite instintivo para otras cosas, así también lo hay para la amistad. Al igual que hay aversión a la soledad y apetencia de compañía, al igual que la naturaleza acomoda al hombre con el hombre, así también habría en esta cuestión un estímulo que nos vuelve deseosos de amistades. 18. Pero a pesar de ser muy amigo de sus amigos, a pesar de equipararlos a él y a menudo darles preferencia, no dejará de encerrar todo el bien en las lindes de sí mismo y dirá lo que dijo aquel Estilbón, el Estilbón al que ataca la carta de Epicuro. Este hombre, cuando, tras la toma de su ciudad natal, tras haber perdido a sus hijos, haber perdido a su mujer, salía del incendio general solo y a pesar de todo feliz, al preguntarle aquel Demetrio, que por las ciudades que asaltó tuvo el apodo de Poliorcetes, si por acaso había perdido algún bien, le respondió: «Todos mis bienes los llevo conmigo». 19. ¡Ahí tienes a un personaje fuerte y valiente! Llega a triunfar sobre el propio triunfo de su enemigo. «Nada», dice, «he perdido»: obliga al otro a poner en duda su triunfo. «Todas mis cosas las llevo conmigo»: mi sentido de lo justo, mi valía, mi buen juicio, e incluso eso mismo de no considerar un bien ninguna cosa que a uno le puedan arrebatar. Vemos con admiración a ciertos animales que cruzan por en medio del fuego sin daño para sus cuerpos: ¡cuánto más admirable es este personaje que sin herida ni daño escapa a través de espadas, derrumbes e incendios! ¿Ves cuánto más fácil es vencer a un pueblo entero que no a un solo hombre? La frase la comparte este personaje con el estoico: de igual modo, también el estoico lleva sus bienes intactos a través de ciudades quemadas, pues él se contenta con su propia persona; en tales lindes delimita su particular felicidad. 20. No creas que somos los únicos a la hora de lanzar frases valientes, también Epicuro, el censor de Estilbón, dejó escapar un dicho parecido, dicho que tú has de poner en tu haber a pesar de que la contabilidad de este día ya está por mi parte cerrada. «Si a alguien sus bienes no le parecen cuantiosos, aunque llegue a ser el amo del mundo entero, será desgraciado sin embargo». O si te parece que se puede expresar mejor de este modo (pues hay que proceder de manera que no atendamos a las palabras sino al sentido): «Desgraciado es el que no se considera muy dichoso, aunque mande sobre el mundo». 21. Pero para que sepas que estos conceptos son de todos, pues, ya se sabe, los dicta la naturaleza, los hallarás en un autor de comedias:

«No es dichoso quien no cree serlo».

¿Qué importa realmente cuál sea tu situación, si a ti te parece mala?
22. «Entonces ¿qué?», dirás. «Si se proclama dichoso un rico sinvergüenza o un propietario de muchos bienes pero esclavo de más bienes todavía, ¿será conforme a su propia opinión dichoso?». No importa lo que proclame sino lo que sienta, y no lo que

sienta en un día en particular sino lo que piense habitualmente. No tienes sin embargo por qué temer que un principio tan noble caiga en manos de quien no lo merece: solo al sabio complacen sus propios bienes; todos los necios sufren hartura de sí mismos. Adiós.

16

1. Sé que tienes claro, Lucilio, que nadie puede llevar una existencia dichosa, ni siquiera soportable, sin afanarse por la sabiduría, y que con la consumación de la sabiduría se logra una vida dichosa, si bien con el mero intento se logra una soportable. Pero esto que resulta evidente hay que fortalecerlo y grabarlo más hondo repensándolo cada día: hay más trabajo en mantener tus propósitos que en proponerte buenas acciones. Hay que ser constante y acrecentar esa robustez con la continua aplicación, hasta que se convierta en una actitud buena lo que es buena intención.

2. No necesitas tú, pues, ante mí demasiadas palabras o aseveraciones prolijas: entiendo que has progresado mucho. Las cosas que me escribes sé de dónde provienen; no son inventadas ni aparentes. Te diré sin embargo lo que pienso: tengo ahora esperanzas sobre tu persona, no garantías. Quiero que también tú hagas lo mismo: no tienes por qué confiar inmediata y cómodamente en ti mismo. Espabílate, y examínate y obsérvate de diversas formas; antes que nada, mira si progresas en la filosofía o en la vida como tal. 3. La filosofía no es una actividad para ganar el favor de la gente o lucirse; no consiste en palabras sino en realidades. Tampoco se aplica a una finalidad como pasar el día en algún entretenimiento o suprimir el asco de estar sin hacer nada: da forma y fragua el carácter, ordena la existencia, gobierna la conducta, muestra lo que hay que hacer y lo que no, se pone al

timón y endereza el rumbo de quienes se tambalean en la incertidumbre de las corrientes. Sin ella nadie puede vivir sin temblor,
nadie puede sin preocupaciones; incontables lances suceden cada
hora que requieren un plan previo que de ella hay que solicitar.
4. Dirá alguno: «¿De qué me aprovecha la filosofía, si está ahí el
destino? ¿De qué me aprovecha, si la divinidad es la que gobierna? ¿De qué me aprovecha, si el azar es el que manda? Pues ni lo
decidido ya puede cambiarse, ni puede disponerse nada de antemano frente a lo que no está decidido; más bien es que la divinidad se adelanta a mi plan previo y decreta qué tengo que hacer, o
que la suerte no le deja a ese plan mío ninguna posibilidad». 5. Sea
verdad cualquiera de estos extremos, Lucilio, o todos a la vez, hay
que filosofar; bien sea que el destino nos atenaza según una ley
implacable, o que el dios árbitro de la totalidad va disponiendo
todo, o que el azar empuja y zarandea sin un orden las cosas humanas, la filosofía debe protegernos. Ella animará a que obedezcamos gustosos a la divinidad, que obedezcamos con aguante a la
suerte; ella te enseñará a seguir los pasos de la divinidad, a resistir
al azar. 6. Pero no es que tengamos que meternos ahora en una
disquisición sobre cuáles cosas quedarían bajo nuestra potestad
en el caso de que la providencia tenga el mando, o bien una con-
catenación de fatalidades nos ate, o bien sucesos inesperados y
repentinos se impongan. Vuelvo a lo de antes, a recordarte y reco-
mendarte que no dejes que el impulso de tu espíritu decaiga y se
enfríe. Mantenlo y refuérzalo a fin de que se convierta en hábito
del alma ese impulso suyo.

7. Ya desde el principio, si mal no te conozco, andas buscando
con los ojos cuál es el regalillo que te trae esta carta: sacúdela y lo
encontrarás. No tienes por qué admirar mi actitud: todavía mi
generosidad se ejerce con bienes ajenos. Pero ¿por qué digo «ajenos»? Cualquier cosa bien dicha, por quien sea, mía es. Esto de
ahora también lo dijo Epicuro: «Si vives conforme a la naturaleza,

nunca serás pobre; si conforme a las ideas corrientes, nunca serás rico». 8. La naturaleza requiere poco, las ideas corrientes exigen sin medida. Amontónense sobre ti todos y cada uno de los bienes que muchos ricos poseyeron; que la suerte te haga prosperar hasta tener más dinero del que corresponde a un simple particular, que te cubra de oro, que te revista de púrpura, te lleve a un grado de refinamiento y riqueza que tapes tú el suelo con tus mármoles; que se te permita no solo poseer bienes sino pisotearlos incluso; añádanse estatuas, pinturas y cuanto las artes todas han fabricado para la ostentación y el lujo: aprenderás a desear cosas mayores que estas. 9. Los deseos naturales tienen unos términos: los deseos que nacen de las ideas corrientes falsas no se sabe dónde acaban, ya que lo falso no reconoce límite ninguno. El caminante tiene un final de camino, el descarrío nunca acaba. Apártate, pues, de vaciedades, y cuando quieras saber si lo que vas a pretender supone un deseo natural o uno ciego, considera si puede detenerse en algún punto. Si tras avanzar mucho siempre queda algo más, date cuenta de que no es natural. Adiós.

23

1. ¿Crees que te voy a escribir lo bien que se porta el invierno con nosotros al ser apacible y breve, lo perjudicial que es la primavera, lo intempestivo del frío y otras tonterías de los que buscan tema de conversación? No; yo voy a escribir algo de lo que tanto tú como yo podamos aprovecharnos. ¿Pero qué otra cosa será sino animarte a tener una mentalidad conveniente? ¿Quieres saber cuál es su cimiento? Que no disfrutes con cosas vanas. He llamado a eso el cimiento: es el tejado. 2. Ha llegado a la perfección quien sabe de qué disfruta, quien no ha puesto su felicidad en manos ajenas; anda preocupado e inseguro de sí mismo quien

se ilusiona con alguna esperanza, aunque esté a mano, aunque no sea difícil lo que se busca, aunque lo esperado nunca decepcione. 3. Haz esto antes que nada, querido Lucilio: aprende a gozar. ¿Crees que ahora te estoy privando de muchos placeres porque elimino los bienes que nos trae el azar, porque pienso que hay que prescindir de esas esperanzas que tan halagüeñas dulzuras representan? Nada de eso; no quiero que te falte alegría. Quiero que te nazca en casa: y es así si surge dentro de ti mismo. Los otros regocijos no llenan el corazón; desarrugan la frente, son livianos, salvo que creas que el que ríe disfruta: el alma es la que debe estar alegre y confiada y puesta en alto por encima de todas las cosas. 4. Créeme, el verdadero gozo es una cosa seria. ¿O crees que alguien con semblante relajado y, como dicen los exquisitos, «alegrito» desprecia la muerte, abre su casa a la pobreza, les tira del freno a los placeres, se entrena en soportar dolores? Quien maneja estas cosas vive en un gozo grande pero poco halagüeño. Quiero que tú entres en posesión de este gozo: nunca te fallará una vez que averigües en dónde se le busca. 5. La extracción de los metales baratos queda en la superficie: los más valiosos son aquellos otros cuya vena se esconde en lo hondo pero rinde sin parar mayor ganancia a quien excava. Las cosas con las que disfruta el vulgo suponen un placer ligero y superficial, y cualquier gozo acarreado desde fuera carece de fundamento: este del que te hablo, hacia el que intento llevarte, es macizo y aparece más claro en nuestro interior. 6. Haz, por favor, queridísimo Lucilio, lo único que te puede hacer feliz: desecha y pisotea aquello que brilla fuera, que se te promete de otra persona o cosa; dirige tu mirada al bien verdadero y goza de lo tuyo propio. Pero ¿qué quiere decir «de lo tuyo propio»? De ti mismo y de tu mejor parte. Incluso nuestro corpezuelo, aunque nada podemos hacer sin él, es un elemento más necesario que importante: sugiere vanos placeres, breves, deplorables, que, si no se atemperan con gran moderación, desembocan en sus contrarios. Así lo digo: el placer está en el filo, cae del lado del dolor si no se le pone límite; pero ponerle límite es difícil porque uno cree que es un bien: el ansia de bien verdadero es segura. 7. Y si preguntas «¿pero de dónde viene?», te diré: de la buena conciencia, de los planteamientos honrados, de las acciones rectas, del desprecio de los bienes de fortuna, del tono sereno y sostenido de una conducta que pisa siempre la misma senda. Porque esos que saltan de un propósito a otro o ni siquiera saltan sino que se dejan llevar por cualquier contingencia ¿cómo pueden tener algo seguro y permanente si ellos andan indecisos y errantes? 8. Pocos son los que ordenan su persona y sus cosas según un plan: los demás, como los que flotan en la corriente de un río, no van a ninguna parte sino que los llevan; entre ellos, a unos las aguas más mansas los dejan quietos y los mueven despacio, aguas más impetuosas arrastran a otros, aguas cercanas a la orilla dejan allí a otros cuando ya se detiene el curso del río, aguas de torrencial empuje arrojan a otros al mar. Por eso hay que decidir qué queremos y perseverar en ello.

9. Es el momento de pagar la deuda. Puedo retribuirte con una frase de tu Epicuro y dejar la carta libre de cargas: «Es fastidioso estar siempre empezando a vivir». Y si el sentido se puede recoger mejor, te lo diré de esta manera: «Malviven quienes siempre están empezando a vivir». 10. ¿Por qué?, dirás; es claro que esta frase requiere una aclaración: porque para ellos su vida siempre está inacabada; y no puede estar preparado para la muerte el que acaba de empezar a vivir. Hay que lograr que hayamos vivido bastante: eso no lo consigue nadie que siempre ahora esté empezando a vivir. 11. No tienes por qué pensar que estos sean pocos: son casi todos. Pero algunos empiezan justamente cuando deberían terminar. Si crees que esto es extraño, añadiré algo que te va a extrañar más todavía: algunos dejaron de vivir antes de haber empezado. Adiós.

37

1. Has prometido ser un hombre de bien con la más fuerte atadura para lograr la buena actitud: se te ha rogado juramento. Se estará riendo de ti quien acaso te diga que es una milicia blanda y fácil. No quiero que te engañes. Las mismas palabras encierra la fórmula de este compromiso nobilísimo que la de aquel otro tan vil: «Déjate quemar, encadenar y matar a espada». 2. De aquellos que alquilan sus manos para la arena y comen y beben a costa de su sangre se recaba el compromiso de padecer estas cosas aunque no quieran: de ti que las sufras voluntaria y gustosamente. Para aquellos es legítimo rendir las armas y ver si el público les perdona: tú ni bajarás la guardia ni pedirás que te dejen con vida; en pie y nunca vencido tienes que morir. Además, ¿de qué sirve ganar unos pocos días o años? Nacemos sin esperanza de gracia. 3. «¿Cómo me las arreglaré entonces?», dirás. No puedes escapar a las necesidades, puedes vencerlas. «Se abre camino a la fuerza»; ese camino te lo dejará franco la filosofía. Acógete a ella si quieres estar a salvo, estar tranquilo, estar feliz, si quieres, en fin, lo más importante, ser libre; esto no puede sucederte de otra manera. 4. La estupidez es cosa rastrera, abyecta, sucia, servil, sujeta a sentimientos múltiples y muy crueles. A estos tiranos tan duros, que una vez te ordenan una cosa y otra vez otra, y rara vez la misma, los destierra de tu lado la sabiduría, pues ella es la única libertad. Un solo camino te conduce a ella y además derecho; no te desviarás; camina a pie firme. Si quieres que todo se te someta, sométete a la razón; regirás a muchos si a ti la razón te rige. De ella aprenderás qué acciones debes emprender y cómo; no te darás de sopetón con los acontecimientos. 5. No me podrás nombrar ni uno que sepa cómo empezó a querer lo que quiere: no se movió siguiendo un plan sino que un empujón lo estrelló contra ello. No menos veces la fortuna topa con nosotros que nosotros con

ella. Es vergonzoso, en lugar de caminar, dejarse llevar, y de pronto, pasmado en medio del torbellino de sucesos, preguntarse: «¿Yo cómo he llegado hasta aquí?». Adiós.

47

1. Con agrado he sabido por la gente que viene de tu lado que te relacionas amigablemente con tus esclavos. Eso dice bien de tu discreción, eso dice bien de tu cultura. «Es que son esclavos». Sí, y también hombres. «Es que son esclavos». Sí, y también camaradas. «Es que son esclavos». Sí, y también amigos modestos. «Es que son esclavos». Sí, y también compañeros de servidumbre, si se piensa que con amos y siervos se toma la fortuna las mismas libertades. 2. Así que me río de esos que consideran vergonzoso cenar con un esclavo suyo: ¿qué otra razón hay para ello si no es esa costumbre más que arrogante de colocar alrededor del amo durante la cena una caterva de esclavos puestos en pie? Come el amo más de lo que le cabe, y con ansia enorme carga su vientre hinchado y desacostumbrado ya a las tareas propias de un vientre, de manera que luego lo vomita todo con mayor esfuerzo que lo engulló. 3. En cambio a los pobres esclavos no se les permite abrir la boca ni siquiera para hablar; con la vara se reprime cualquier murmullo y ni siquiera quedan sin sus golpes los ruidos involuntarios: una tos, los estornudos, el hipo; con un duro castigo se paga el romper el silencio con una sola palabra; pasan en pie la noche entera sin comer y en silencio.

4. Ocurre así que esos hablan luego de su amo en los términos en que no les está permitido hablar en su presencia. En cambio, los que podían conversar no solo en presencia de los amos sino con los amos mismos, los que no tenían la boca cosida, estaban dispuestos a poner el cuello por el amo, a desviar sobre sus pro-

pias cabezas un peligro amenazador; en los banquetes hablaban, pero en el potro de tormento callaban. 5. Corre por ahí también un proverbio que refleja esa misma presunción: «Cada esclavo es un enemigo». Pero no son nuestros enemigos, sino que los hacemos. Omito de paso otros pormenores crueles, inhumanos: abusamos de ellos no ya como hombres sino como bestias; cuando nos recostamos para cenar, uno limpia los escupitajos, otro, en cuclillas al pie del diván, recoge las regurgitaciones de los borrachos. 6. Uno trincha aves caras. Entre la pechuga y la rabadilla, con golpes certeros, dirige su sabia mano y va sacando las tajadas un desgraciado que vive solo para trocear aves de corral con elegancia; pero no, más desgraciado es el que por mor del placer le enseña eso que el que por necesidad lo aprende. 7. Otro, un copero, ataviado como mujer, anda reñido con su edad: no puede huir de la niñez, va marcha atrás y ya con porte de soldadote, lampiño gracias a que le rapan el vello o se lo arrancan de cuajo, pasa en vela toda la noche, que reparte entre la borrachera y el libertinaje, haciendo de varón en la alcoba y de camarero en el banquete. 8. Otro, que tiene encomendada la admisión de comensales, aguanta el pobre de pie y espera a ver quiénes, traídos por su afán descontrolado de lisonjear, de tragar y murmurar, habrán de volver mañana. Añade los encargados de la compra, que tienen un conocimiento detallado del paladar del amo, que saben el sabor de qué manjar lo excita, el aspecto de cuál lo deleita, con qué novedad puede reanimarse a punto ya de vomitar, qué desdeña por estar del todo harto, de qué tiene ganas en tal o cual día. No soporta cenar con ellos y considera merma de su honra ponerse a la mesa junto a su esclavo. ¡Válgame el cielo! ¡A cuántos de estos él ha convertido en sus señores! 9. He visto de pie ante el umbral de Calisto a su dueño: el que le había endosado un letrero, el que lo había sacado a la venta entre los esclavos baratos, se queda en la calle al tiempo que otros entran. Así le paga aquel esclavo incluido como un desecho en el primer lote con el que el pregonero se aclara la voz: también lo despreció en su hora, tampoco lo consideró digno de su casa. El dueño vendió a Calisto, pero Calisto ¡qué de favores vendió a su dueño!

10. ¡Haz el favor de pensar que ese que llamas tu esclavo ha nacido de la misma simiente y disfruta del mismo cielo, respira lo mismo, vive lo mismo, muere lo mismo! Tanto puedes verlo tú un día libre que él a ti un día esclavo. En el desastre de Varo la fortuna hundió a muchos personajes de cuna nobilísima, aspirantes por la vía de la milicia al rango senatorial: al uno lo hizo pastor, al otro guarda de una cabaña. ¡Como para que desprecies ahora al individuo de una clase en la que tú puedes, al tiempo que la desprecias, verte metido!

11. No quiero entrar en un tópico demasiado general y disertar sobre el trato a los esclavos, con los que somos tan altaneros, tan crueles, tan despreciativos. Con todo, he aquí la esencia de mi consejo: trata a tu inferior como querrías que te tratara tu superior. Siempre que te venga a la mente todo lo que con tu esclavo se te permite, que te venga también a la mente que otro tanto se le permite a tu señor contigo. 12. «Pero es que yo», dirás, «no tengo ningún señor». Estás a tiempo: tal vez lo tendrás. ¿Ignoras a qué edad empezó Hécuba su servidumbre, a qué edad Creso, a qué edad la madre de Darío, a qué edad Platón, a qué edad Diógenes? 13. Vive al lado de tu esclavo con indulgencia, incluso con cariño, admítelo en tus charlas, tus deliberaciones, tu trato diario. En este punto me gritará toda la tropa de los exquisitos: «No hay nada más ruin que eso, nada más vergonzoso». Ya sorprenderé yo a esos mismos besando la mano a los esclavos de otro. 14. ¿Es que no veis hasta qué punto nuestros antepasados suprimieron toda animosidad contra los amos, todo desprecio contra los fámulos? Al amo lo llamaron «padre de familia», a los esclavos (cosa que todavía se mantiene en el teatro) «familiares». Instituyeron cierta

jornada de fiesta no para que los amos comieran con los esclavos únicamente en ella, sino para que lo hicieran al menos en ella. Les permitieron ocupar cargos dentro de casa, celebrar juicios, y pensaron que la casa era una república diminuta. 15. «¿Cómo entonces? ¿Haré pasar a mi mesa a todos los esclavos?». No más que a todos los hombres libres. Te equivocas si crees que yo voy a rechazar a alguno en la idea de que se dedica a menesteres demasiado sucios, pongamos por caso un mulero o un boyero: yo no los apreciaré por su oficio sino por su carácter. Cada cual se fragua su carácter, los oficios los asigna el azar. Que unos cenen contigo porque lo merecen, otros para merecerlo. Si por culpa de la vulgaridad de su ambiente hay en ellos algo de servil, la convivencia con la gente de bien lo irá eliminando. 16. No hay por qué buscar, querido Lucilio, a un amigo solamente en el foro o en el senado. A menudo un buen material se desperdicia por falta de artesano: intenta y prueba. Tal como es un tonto el que a la hora de comprar un caballo no inspecciona al animal mismo sino la albarda y los frenos, así también es rematadamente tonto el que valora a un hombre por el traje o por la clase social, que es cosa que llevamos puesta encima a manera de traje. 17. «Es un esclavo». Pero quizá en su espíritu es libre. «Es un esclavo». ¿Le perjudicará eso? Enséñame quién no lo es: el uno es esclavo de su lubricidad, el otro de su avaricia, aquel de su ambición, todos de la esperanza, todos del miedo. Te recordaré el caso de un excónsul que es esclavo de una viejecilla, el de un rico que lo es de una criadita, te mostraré a jóvenes muy nobles esclavizados por bailarines de teatro: no hay servidumbre más deshonrosa que la voluntaria. Por tanto, no hay razón para que esos remilgados te prohíban mostrarte con tus esclavos afable y no altaneramente superior: mejor que te traten que no que te teman.

18. Dirá alguno ahora que yo estoy invitando a los esclavos para que se encasqueten el píleo y derribando a los amos de su

pedestal cuando digo: «Mejor que traten al amo que no que lo teman». «¿Tiene que ser así?», se me dirá, «¿lo han de tratar como clientes, como los que van a saludarlo?». El que dice esto olvidará que no es poco para el amo lo que es bastante para la divinidad. El que recibe veneración y trato recibe también amor: el amor no puede mezclarse con el temor. 19. Así pues, pienso que haces muy bien en no permitir que tus esclavos te teman, en amonestarlos con palabras: con golpes se corrige a los irracionales. No cualquier cosa que nos ofende nos hiere además; pero los remilgos nos obligan a montar en cólera, de manera que cualquier cosa que no nos sale a pedir de boca provoca nuestros enojos. 20. Adoptamos actitudes de tiranos: porque también estos olvidan sus poderes y la debilidad ajena y se irritan y ensañan como si recibieran agravio por algo sin riesgo, pues de ello están completamente protegidos a causa de la altura de su posición. Y no ignoran esto, pero con sus quejas andan a la busca de una ocasión para hacer daño; reciben el agravio para poder ocasionarlo.

21. No quiero entretenerte más; no tienes necesidad de que te animen. Esta ventaja, entre otras, tienen las buenas costumbres: están satisfechas consigo mismas, perduran. La maldad es veleidosa, cambia muchas veces, no a mejor sino a otra cosa. Adiós.

59

1. Mucho placer he sacado de tu carta, y permíteme usar la palabra a la manera corriente, sin restringirla al sentido que le dan los estoicos. Creemos que el placer es vicio. De acuerdo, pero solemos también emplear la palabra para denotar un sentimiento risueño del alma. 2. Sé, repito, que, si disponemos las palabras según nuestro formulario, de una parte el placer es cosa infame y de otra el gozo no le corresponde disfrutarlo más que al sabio, ya

que es una exaltación del espíritu que se confía a sus propios bienes y realidades. Pero corrientemente hablamos así, y decimos que nos ha producido gran gozo el consulado de fulano, sus bodas o el parto de la esposa, sucesos que hasta tal punto no son gozos, que a menudo incluso acaban en penalidades; ahora bien, el gozo lleva aparejado no concluir ni transformarse en su contrario. 3. Por eso, cuando habla nuestro Virgilio de «los malos Gozos de la mente» lo hace con elegancia, pero con poca propiedad, ya que no hay mal que sea gozo. Dio ese nombre a los placeres y expresó lo que buscaba, apuntando a los hombres que se alegran con su propio mal. 4. Comoquiera que sea, no sin motivo he dicho que saqué gran placer de tu carta, pues, aunque la persona no formada goce por una razón honesta, a esa emoción suya imperiosa y propensa a derivar sin más en su contrario la llamo, pese a todo, placer, pues está motivada por la idea de un falso bien, es incontrolable y desmedida.

Pero, volviendo a lo que iba, entérate de lo que en tu carta me ha deleitado: mantienes las palabras bajo control, la lengua no te arrastra ni te lleva más allá de donde pretendías.

5. Muchos son los que, llevados por el brillo de alguna expresión grata, terminan donde no se proponían, cosa que a ti no te ocurre: todo en ti es conciso y apropiado al tema; dices cuanto quieres y significas más de lo que dices. Esto es señal de algo más importante todavía: deja ver que también tu alma carece por completo de superfluidades, de hinchazones. 6. Encuentro sin embargo usos traslaticios de las palabras que, aunque no sean atrevidos, resultan por sí solos arriesgados; encuentro imágenes, que si alguno nos prohibiera manejarlas, pensando que solo les están permitidas a los poetas, yo diría que es que seguramente no ha leído a los antiguos, entre los cuales todavía no se iba a la caza de un estilo lisonjero: ellos, que discurseaban con sencillez y para mostrar sin más el contenido, están atestados de símiles, que yo

considero necesarios, no por la misma razón que en los poetas, sino para que sirvan de apoyo a nuestra debilidad, para situar al oyente y al hablante en el tema tratado.

7. Mira, ahora precisamente estoy leyendo a Sextio, personaje agudo, que filosofa en lengua griega pero con maneras romanas. Me ha impresionado una imagen que usa: un ejército que, cuando hay peligro de que el enemigo lance un ataque desde cualquier costado, marcha en formación cuadrada, dispuesto al combate. «Lo mismo», dice, «debe hacer el sabio: desplegar por todas partes sus virtudes, para que, dondequiera que surja una amenaza, estén listos allí los correspondientes destacamentos que, a una orden del que manda, respondan sin atropellarse». Eso que vemos que se hace en los ejércitos dirigidos por grandes generales, cómo todas las tropas conocen a la vez la orden del jefe y se disponen de tal suerte que la señal que da uno solo va pasando de infante a infante y de jinete a jinete, eso mismo, dice él, es para nosotros todavía más necesario. 8. Porque a menudo los soldados temen al enemigo sin razón y la marcha que les parecía más peligrosa resulta muy tranquila: la estupidez no halla sosiego; el miedo le acompaña tanto por lo alto como por el suelo; tiembla por los dos flancos; los peligros le acosan en vanguardia y retaguardia; se espanta de todo, está desprevenida y se asusta hasta de los refuerzos que le llegan. En cambio el sabio, bien pertrechado frente a cualquier ataque, aunque la pobreza, aunque el duelo, aunque la deshonra, aunque el dolor le lance sus embestidas, no se da la vuelta: impertérrito marchará contra ellos y entre ellos. 9. A nosotros nos atan muchas cosas, nos debilitan muchas cosas. Estuvimos postrados demasiado tiempo con esos vicios, es difícil limpiarse, porque no estamos manchados sino empapados.

Para no estar pasando de una imagen a otra, quiero plantear algo que a menudo discurro conmigo mismo: ¿por qué la estupidez nos domina de modo tan persistente? En primer lugar, porque no la rechazamos con energía ni buscamos la salvación con todas nuestras fuerzas; después, porque no confiamos bastante en los hallazgos de los sabios ni los asumimos de todo corazón, sino que nos implicamos de manera superficial en asunto tan grave. 10. Pero ¿cómo puede aprender lo bastante contra los vicios alguien que solo dedica a ello el tiempo que le dejan los vicios? Ninguno de nosotros se mete en lo hondo; nos limitamos a espigar en la superficie y el dedicar un poco de tiempo a la filosofía nos sobra y basta en el absorbente ajetreo de nuestras ocupaciones. 11. El impedimento principal es que pronto nos gustamos; si topamos con alguien que diga que somos buenas personas, que somos juiciosos, que somos puros, damos nuestro consentimiento. No nos conformamos con alabanzas mediocres: cualquier cosa que una adulación sin reparos nos eche encima la tomamos como merecida. Estamos de acuerdo con quienes afirman que somos muy buenos, muy sabios, cuando en realidad sabemos que esa gente miente a menudo; y somos tan mirados con nosotros mismos que queremos que se nos alabe justamente por aquello contra lo que obramos. Uno mientras tortura oye decir que es muy compasivo, otro en medio de robos oye que es muy generoso y aquel entre borracheras y liviandades que es muy sobrio. Se sigue de todo eso que no queremos cambiar, porque nos creemos inmejorables. 12. Alejandro cuando merodeaba por la India y asolaba naciones que ni siquiera sus vecinos conocían bien, en el asedio de cierta ciudad, mientras iba dando la vuelta a las murallas en busca de un punto débil en las defensas, alcanzado por una flecha, siguió en su montura e insistió en acabar la tarea. Luego, como al cortarse la sangre crecía el dolor de la herida seca y la pierna que colgaba del caballo poco a poco se iba abotargando, obligado a desistir, dijo: «Todos juran que soy hijo de Júpiter, pero esta herida publica a voz en grito que soy hombre». 13. Hagamos eso mismo nosotros. A cada cual lo infatúa la adulación en su parcela, pero digamos: «Vosotros decís que soy prudente, pero yo veo cuántas cosas inútiles deseo, cuántas perjudiciales elijo. Ni siquiera entiendo aquello que su propia hartura les muestra a los animales: cuál es el límite del comer, el límite del beber; todavía no sé cuánto me cabe».

14. Te voy a enseñar enseguida cómo puedes entender que no eres sabio. El sabio está lleno de gozo, es risueño y sosegado, inconmovible; vive a la par que los dioses. Ahora examínate a ti mismo: si nunca estás mohíno, si ninguna esperanza solivianta tu espíritu al acecho de lo que vendrá, si día y noche el tono de tu espíritu, elevado y contento de sí, es idéntico, has llegado a la cumbre del humano bien; pero si apeteces placeres, en todas partes y todos ellos, tienes que saber que te falta tanta sabiduría como gozo. Quieres llegar a él, pero te extravías, pues esperas alcanzarlo en medio de las riquezas, en medio de los cargos, esto es, buscas el gozo en medio de preocupaciones: esas cosas que deseas como si ellas te fueran a dar alegría y placer son motivos de dolor. 15. Todos, insisto, tienden a esa meta, al gozo, pero desconocen dónde conseguirlo estable y pleno: uno en los banquetes y francachelas, otro en la ambición y una caterva de clientes a su alrededor, este en su querida, aquel en el vano alarde de sus estudios liberales y una erudición que no cura ninguno de sus trastornos. Todos ellos se dejan engañar por halagos falaces y breves, como pasa con la borrachera, que hace pagar la locura risueña de una hora con un prolongado fastidio, como pasa con los aplausos y las aclamaciones de la popularidad, que se ganan y hay que expiar con grandes desasosiegos. 16. Piensa, por tanto, que la sabiduría tiene como efecto la persistencia del gozo. El alma del sabio es como el mundo por encima de la luna: siempre está allí despejado. Conque, si el sabio nunca está falto de gozo, tienes ahí una razón para querer ser sabio. Semejante gozo no nace sino de la conciencia de nuestras virtudes: no puede gozar nadie salvo el va-

leroso, salvo el justo, salvo el sobrio. 17. «¿Cómo es eso?», dirás, «¿los necios y malvados no gozan?». No más que los leones al apoderarse de la presa. Cuando se cansan de vino y lubricidades, cuando la noche se les acaba entre vicios, cuando esos deleites, engullidos en mayor cantidad de lo que admite la estrechez de sus cuerpos, empiezan a supurar, entonces dicen a gritos aquel verso de Virgilio:

«Bien sabes cómo hemos pasado nuestra última noche entre gozos ilusorios».

18. Todos los libidinosos pasan la noche entre gozos ilusorios y, además, como si fuera la última: aquel otro gozo que corresponde a los dioses y a sus émulos no se interrumpe, no cesa. Cesaría, si se tomara de otro sitio, pero como no queda bajo jurisdicción ajena, tampoco está sometido a la decisión de nadie: lo que la fortuna no da tampoco lo quita. Adiós.

66

1. He visto después de muchos años a Clarano, compañero mío en la escuela: seguramente no esperas que añada «ya anciano», pero, vaya que sí, mantiene fresca y vigorosa la mente y lucha a brazo partido con su cuerpecillo. Y es que la naturaleza ha sido injusta y ha colocado en mal sitio un espíritu semejante; o tal vez quiso mostrarnos precisamente que un ingenio muy enérgico y completamente dichoso puede esconderse bajo cualquier pellejo. Con todo, ha superado todos los impedimentos y del desprecio de sí mismo ha pasado a despreciar todo lo demás. 2. Me parece que se equivocó quien dijo que «la valía es más agradable si además viene de un cuerpo hermoso», pues ella no necesita de ningún embellecimiento: por sí sola se prestigia y glorifica a su cuerpo. Al menos empecé a ver a nuestro amigo Clarano de otra

manera: me parece hermoso y tan galano en su cuerpo como lo es en su alma. 3. Puede de una cabaña salir un gran hombre, puede también de un corpezuelo contrahecho y vulgar salir un alma hermosa y grande. Porque me parece que la naturaleza engendra a algunos solo para demostrar con ellos que la valía emerge en cualquier sitio. Si la naturaleza pudiera por sí sola producir almas desnudas, lo habría hecho; ahora hace algo más grande: produce algunos hombres impedidos en cuanto al cuerpo, pero no por ello menos capaces de remover obstáculos. 4. Me parece que a Clarano lo ha sacado como un modelo, para que podamos saber que el alma no se afea con la deformidad del cuerpo, sino que el cuerpo se engalana con la belleza del alma.

Aunque hemos pasado juntos muy pocos días, hemos entablado sin embargo numerosas charlas, que al punto recogeré aquí y compartiré contigo. 5. El primer día se planteó lo siguiente: cómo los bienes pueden ser iguales si hay tres clases de ellos. Los primeros, según el parecer de los nuestros, son algunos como el gozo, la paz, la integridad de la patria; los segundos son otros, que se revelan en situaciones desdichadas, como la paciencia en los tormentos y la templanza en las enfermedades graves. Aquellos bienes los desearemos para nosotros directamente, estos otros, si nos vemos forzados. Hay todavía unos terceros, como los andares dignos, un rostro bien dispuesto y afable, y un ademán propio de varón juicioso. 6. ¿Cómo estas cosas pueden ser iguales unas a otras, si unas son deseables y otras detestables?

Si queremos diferenciarlas, remitámonos al bien primero y veamos cómo es. Un alma que ve la verdad, conocedora de lo que hay que rechazar y lo que hay que buscar, que no pone precio a las cosas según la opinión sino según la naturaleza, que se inserta en el mundo entero y se entrega a la contemplación de toda su actividad, atenta por igual al pensamiento y a la acción, grande y entusiasta, que a la par no se deja vencer por asperezas ni blanduras, que no se somete a ninguna de las dos caras de la suerte, situada muy por encima de contingencias y accidentes, hermosísima, muy bien compuesta tanto por su ornato como por sus buenas cualidades, sana y sobria, imperturbable, intrépida, a la que ninguna violencia quebranta, a la que los sucesos azarosos ni la exaltan ni la abaten: un alma así es la virtud. 7. Esta es su cara, si toma un único aspecto y de una vez se muestra toda entera. Por lo demás, sus apariencias son muchas, que se van descubriendo a medida que la vida cambia y actúa: ella como tal no se hace más pequeña ni más grande. Porque el bien sumo no puede disminuir y a la virtud no se le permite ir hacia atrás; sin embargo, se transforma en unas cualidades u otras, amoldándose a la disposición de las cosas que tenga que hacer. 8. Todo lo que toca lo asimila y colorea de modo que se le parezca; embellece sus acciones, amistades, alguna que otra vez hogares enteros en los que entró y puso orden; todo lo que maneja lo hace grato, atrayente, admirable. Por eso su capacidad y grandeza no puede ascender más allá, toda vez que en lo mayor de todo no cabe incremento: no hallarás nada más correcto que lo correcto, nada más verdadero que lo verdadero, más temperado que lo temperado. 9. Toda virtud estriba en un límite; el límite encierra una medida determinada; la firmeza no tiene hacia dónde progresar, como tampoco la confianza, la verdad o la lealtad. ¿Qué puede añadírsele a lo perfecto? Nada, o es que no era perfecto aquello a lo que añadimos algo; luego tampoco a la virtud, porque si a ella se le puede añadir algo, hace quiebra. Tampoco lo honroso admite añadidura, ya que lo honroso se da en razón de esas cualidades que he mencionado. ¿Qué pasa entonces? Lo conveniente o lo justo o lo legítimo ¿no crees que tiene la misma disposición al estar encerrado en esos mismos límites claros? Poder crecer es señal de ser cosa imperfecta. 10. Todo bien descansa en esas mismas leyes: el provecho privado y el público van unidos, es algo tan inseparable, vaya que sí, como meritorio y deseable. Luego las virtudes son iguales entre sí, y lo son también las obras de la virtud y todos los hombres que acaso adquieran virtudes. 11. En cambio las virtudes de las plantas y los animales, al ser estos mortales, son frágiles, caducas e inseguras; prosperan y decaen, y por eso no se les da siempre el mismo valor. A las virtudes humanas se les aplica una única regla, pues única y sencilla es la razón. Nada es más divino que lo divino, más celeste que lo celeste. 12. Las cosas mortales menguan, decaen, se desmenuzan, crecen, se vacían, se llenan; de ese modo, en esa su condición tan insegura, se da discrepancia: la naturaleza de las cosas divinas es una sola. Pero la razón no es otra cosa que una parte del espíritu divino sumida en cuerpo de hombre; si la razón es divina, no hay ningún bien exento de una razón, todo bien es divino. Además, entre las cosas divinas no hay diferencia; luego tampoco entre los bienes. De manera que son la misma cosa el gozar de algo y el soportar valerosa y firmemente tormentos, pues en ambos casos hay la misma nobleza de alma, mostrándose en uno fácil y relajada, en otro combativa y tensa. 13. ¿Cómo? ¿Tú no crees que es idéntica la virtud del que asalta con valentía las murallas enemigas y la del que soporta con gran entereza el asedio? Grande es Escipión cuando pone cerco a Numancia, la estruja y obliga a que sus manos nunca vencidas se vuelvan contra sí misma y la destruyan; grande es la actitud de los sitiados, que saben que no está cercado quien tiene abiertas las puertas de la muerte y expira en brazos de la libertad. Asimismo, todas las otras virtudes son iguales entre sí, la tranquilidad, la sencillez, la generosidad, la firmeza, la ecuanimidad, la paciencia, pues subyace en todas ellas una única virtud, que proporciona un alma recta e inconmovible.

14. «¿Y qué, entonces no hay ninguna diferencia entre gozar de algo y soportar dolores sin doblegarse?». Ninguna en cuanto a las virtudes mismas; muchísima en situaciones donde se deja ver

cada una de las dos virtudes, pues en la primera hay un natural esparcimiento y relajación de ánimo, en la otra un dolor antinatural. Y así estas son cosas intermedias que admiten guardar entre sí grandes distancias: la virtud es igual a un lado y otro. 15. La materia no altera la virtud: ni una dura y difícil la empeora, ni otra risueña y alegre la mejora; luego es forzoso que sea igual. Porque lo que en ambas situaciones se hace se hace de un modo igualmente correcto, igualmente juicioso, igualmente honesto; luego son iguales unos bienes más allá de los cuales ni aquel en sus goces puede portarse mejor ni este en sus torturas; ahora bien, dos cosas mejor que las cuales nada puede hacerse son iguales. 16. Porque si condiciones que se sitúan fuera de la virtud pueden empequeñecerla o aumentarla, deja de ser el único bien lo honesto. Si admitieras eso lo honesto se perdería del todo. ¿Por qué? Te lo voy a decir: porque no es honesto nada que se haga sin querer, nada que se haga a la fuerza; todo lo honesto es voluntario. Mézclale pereza, quejas, subterfugios, miedo: pierde entonces lo mejor que encierra dentro de sí: gustarse a sí mismo. No puede ser honesto lo que no es libre; porque sentir miedo es ser esclavo. 17. Todo lo honesto es despreocupado, tranquilo: si rechaza algo, si lo lamenta, si lo considera malo, admite en sí un trastorno y se zarandea en medio de un gran desgarro, pues de una parte lo invita el brillo de lo correcto y de otra tira de él la sospecha de que aquello sea malo. Por eso el que se disponga a realizar algo de modo honesto, cualquier dificultad que se le cruce, aunque la considere penosa, que no la considere mala, que la acepte, que la emprenda con agrado. Todo lo honesto es libre y espontáneo, puro y sin mezcla de mal alguno.

18. Sé lo que se me puede reprochar en este punto: «¿Pretendes convencernos que no hay ninguna diferencia si uno está disfrutando de un placer o está colocado en el potro de tormento dando trabajo al verdugo?». Podría responder: también Epicuro

dice que el sabio, si estuviera asándose en el toro de Fálaris, gritaría «esto es agradable y nada me importa». ¿Por qué te extrañas si yo digo que son iguales los bienes de aquel que se recuesta en un banquete y del otro que afronta con gran fortaleza las torturas, cuando Epicuro dice algo más increíble todavía, que es agradable tostarse? 19. Pero insisto en que hay una gran diferencia entre el gozo y el dolor; si me dan a elegir, aspiraré al primero, evitaré el segundo: aquel es conforme a la naturaleza, este otro contrario a ella. Mientras se les examine de este modo, están separados el uno del otro por un gran trecho: cuando se acude a la virtud, una y otra virtud es la misma, la que se mueve en condiciones placenteras y la que lo hace en las amargas. 20. No tiene ninguna importancia la vejación y el dolor ni ninguna otra cosa molesta, pues queda soterrada bajo la virtud. Al igual que la claridad del sol oscurece las luces pequeñitas, así la virtud con su grandeza aplasta y domina los dolores, las molestias, las agresiones; y en cualquier sitio donde brilla, todo lo que allí se deja ver en su ausencia se apaga; y no hacen más bulto las molestias cuando caen sobre la virtud que las aguas de un chubasco sobre el mar. 21. Para comprender que esto es así, que el hombre de bien corra sin tardanza hacia todo lo hermoso: aunque allí esté el verdugo, allí esté el torturador y la hoguera, aguantará y no reparará en lo que tenga que sufrir sino en lo que tenga que hacer, y confiará en aquella situación honrosa como en un hombre de bien; pensará que le será útil, segura, enriquecedora. Por más amarga y dura que sea, la situación honesta tendrá ante él la misma consideración que tiene un hombre de bien que se encontrara pobre o desterrado, o encanijado y pálido. 22. Ea, pon de una parte a un hombre de bien muy rico y de otra a uno que no tenga nada, pero lo tenga todo en sí mismo: uno y otro serán hombres de bien, aunque corran suerte diversa. Cabe aplicar el mismo criterio, como he dicho, a las cosas y a los hombres: tan loable es la virtud colocada en un cuerpo saludable y libre como en uno enfermizo y encarcelado. 23. Por tanto, tampoco estimarás más tu virtud si la casualidad le ha proporcionado en ti un cuerpo entero que si le dio uno mutilado en alguna de sus partes: de lo contrario, ello sería apreciar a un señor por el aspecto de sus esclavos. Porque todas esas cosas en las que ejerce su dominio el azar son esclavas; el dinero y el cuerpo y los cargos son cosas flojas, pasajeras, mortales, de posesión insegura; en cambio las obras de la virtud son libres e incontrovertibles, y no son más deseables si reciben buen trato de la fortuna, ni menos si se ven abrumadas por alguna desigualdad efectiva. 24. Nuestra amistad hacia los hombres es lo mismo que nuestra inclinación hacia las cosas. Seguramente no amarías más a un hombre de bien rico que a uno pobre, ni al robusto y musculoso más que al delgado y de cuerpo débil; por tanto, ni siquiera te inclinarás más por una cosa risueña y apacible que por otra difícil y trabajosa. 25. O en otro caso, de dos varones igualmente buenos apreciarás más al limpio y perfumado que al mugriento y greñudo; luego pasarás a apreciar más al que conserva enteros todos sus miembros sin mutilaciones que al débil y cegato; poco a poco tu desdén avanzará tanto que de dos hombres igualmente justos y juiciosos prefieras al que se deja una larga melena con ricitos. Cuando hay la misma virtud en uno y otro, no asoma la desigualdad de las otras cosas, pues todo lo demás no son partes integrantes sino añadidos. 26. ¿Es que hay alguien capaz de hacer una distinción tan injusta entre los suyos, de manera que quiera más a un hijo sano que a otro enfermo, a uno alto y talludo que a otro bajito o mediano? Las alimañas no hacen distinción entre sus crías y se echan para amamantar a todas por igual; los pájaros reparten equitativamente las comidas. Ulises corre hacia los peñascales de su Ítaca lo mismo que Agamenón hacia los nobles muros de Micenas, porque nadie ama a su patria porque sea grande sino porque es la suya.

27. ¿A qué viene todo esto? Para que sepas que la virtud mira con los mismos ojos a todas sus obras como a criaturas suyas que son, las mima a todas por igual, y con más entrega todavía a las que vacilan, porque también el amor de los padres se inclina más hacia los seres que les inspiran compasión. También la virtud, no es que ame más las obras suyas que ve enfermas y agobiadas, sino que a la manera de los buenos padres más las abraza y acaricia. 28. ¿Por qué no es ningún bien mayor que otro? Porque no hay nada más adecuado que lo adecuado, porque no hay nada más plano que lo plano. No puedes decir que esto es más igual a otra cosa que aquello; luego no hay nada más honesto que lo honesto. 29. Y si la naturaleza de todas las virtudes es igual, los tres tipos de bienes están en igualdad. Así te lo digo: en igualdad están el gozar con moderación y el sufrir con moderación. La alegría no le gana a esa firmeza de ánimo que en manos del torturador se traga sus lamentos: aquellos bienes son deseables, estos otros son admirables, ambos, no obstante, son iguales, toda vez que cualquier molestia que haya queda encubierta por la pujanza de un bien tanto mayor. 30. Quienquiera que los considera desiguales aparta sus ojos de las virtudes en sí y atiende a las cosas externas. Los bienes auténticos pesan lo mismo, parecen lo mismo: los otros falsos tienen mucho de hueros; por eso siendo llamativos y grandes a primera vista, cuando se les coloca en la balanza, se revelan engañosos. 31. Es así, querido Lucilio, todo lo que la auténtica razón recomienda es sólido y eterno, refuerza el alma y la levanta para que esté siempre en lo más alto. Las cosas que irreflexivamente se alaban y son buenas en la opinión del vulgo inflan a los que disfrutan de vanidades; a su vez, las cosas que se temen como malas infunden miedo a las mentes como a bichos que se asustan con engañosos espantajos. 32. Conque una y otra realidad disipa y muerde el ánimo sin fundamento: ni por la una vale la pena que sintamos alegría ni miedo por la otra. Solo la ra-

zón es inmutable y tenaz en su juicio, pues no se somete a los sentidos, sino que manda sobre ellos. La razón es igual a la razón, tal como lo correcto es igual a lo correcto; por tanto, también la virtud es igual a la virtud, pues la virtud no es otra cosa que la recta razón. Todas las virtudes son razones si son rectas; si son rectas, son iguales. 33. Tal como es la razón, así son también las acciones; luego todas son iguales; en efecto, al ser semejantes a la razón, son también semejantes entre sí. Pero digo que las acciones son iguales entre sí en cuanto que son honestas y correctas; sin embargo, mostrarán grandes diferencias al cambiar la materia, que unas veces es más amplia y otras más reducida, unas veces luminosa y otras oscura, unas veces relativa a muchos y otras a pocos. Pero en todos esos casos, la parte mejor es igual: son honestas. 34. Es como los hombres de bien, que todos son iguales en cuanto que son buenos, pero muestran diferencias de edad: uno es más viejo y otro más joven; diferencias corporales: uno es guapo y otro feo; diferencias de fortuna: aquel es rico y este pobre, aquel es liberal, poderoso, conocido en ciudades y pueblos, y este es desconocido para la mayoría y oscuro. Pero en lo de ser buenos son iguales.

35. Los sentidos no juzgan sobre lo bueno y lo malo; desconocen qué es provechoso y qué no lo es. No pueden dar opinión si no se arriman al objeto presente; ni presagian el futuro ni recuerdan el pasado; desconocen qué vendrá después. Pero de ahí se va tramando la serie ordenada de la realidad y la unidad de una vida que pretende seguir el camino recto. La razón es, por tanto, el árbitro de lo bueno y lo malo; tiene lo ajeno y externo por algo sin valor y considera que aquellas cosas que no son ni buenas ni malas suponen añadidos pequeñísimos e insignificantes, pues todo su bien reside en el alma. 36. Por otra parte, ciertos bienes los valora como los primeros, a los que acude de propio intento, como la esposa, los buenos hijos, la salvación de la patria; otros los valora como los segundos, que no se dejan ver más que en situacio-

nes adversas, como el sufrir con calma la enfermedad, un incendio, el destierro; otros los considera intermedios, pues no son más acordes a la naturaleza que contrarios a ella, como el caminar con circunspección, sentarse con urbanidad. Porque no es menos acorde con la naturaleza sentarse que levantarse o caminar. 37. Aquellos dos bienes superiores son diferentes, pues los primeros son conforme a naturaleza, alegrarse con la bondad de los hijos, con el bienestar de la patria; los segundos van contra la naturaleza, afrontar con valentía los tormentos y soportar la sed cuando la enfermedad nos quema las entrañas. 38. «¿Cómo es eso? ¿Algo que va contra la naturaleza es bueno?». En absoluto, pero a veces va contra la naturaleza aquello en lo que el bien reside. Porque recibir heridas, derretirse sobre fuego y padecer una mala salud va contra la naturaleza, pero mantener un ánimo perseverante en esos casos es acorde con la naturaleza. 39. Y para expresar brevemente lo que quiero, la materia del bien a veces va contra la naturaleza, el bien nunca, porque no hay bien sin razón, y la razón, claro es, secunda a la naturaleza. «¿Qué es la razón por tanto?». Imitación de la naturaleza. «¿Cuál es el bien supremo del hombre?». Conducirse según la voluntad de la naturaleza.

40. «No hay duda», se me dirá, «de que una paz que nunca se pone en entredicho es más venturosa que aquella otra que tiene que recobrarse a costa de mucha sangre». «No hay duda», se sigue, «de que es algo más venturoso una salud invulnerable que otra que a partir de graves enfermedades y peligros de muerte llega a buen puerto gracias a cierto esfuerzo y aguante. Del mismo modo no habrá duda de que el gozo es un bien mayor que un alma obligada a padecer suplicios de golpes o quemaduras». 41. No es así de ninguna manera; porque las situaciones azarosas permiten establecer muchas diferencias; en efecto se las aprecia según el provecho que sacan sus protagonistas. El único propósito de las cosas buenas es estar de acuerdo con la naturaleza; esto es igual en

todas ellas. Cuando en el senado nos adherimos al parecer de alguien, no podemos decir: «este está más de acuerdo que aquel con la propuesta». Todos han votado lo mismo. Lo mismo digo acerca de las virtudes: todas están de acuerdo con la naturaleza. Lo mismo digo de las cosas buenas: todas están de acuerdo con la naturaleza. 42. Uno muere siendo joven, otro siendo viejo, alguno muy pronto, siendo todavía un niño de pecho que lo único que ha podido hacer es asomarse a la vida: todos ellos fueron mortales de la misma manera, aunque la muerte haya permitido que continúe la vida de unos, haya segado en plena floración la de otros, haya cortado en sus mismos inicios la de otros. 43. Uno se derrumbó en pleno banquete; la muerte de otro fue una continuación de su sueño; con alguno acabó el coito. Pon frente a estos a los pasados a cuchillo o a los fallecidos por picadura de serpiente o los aplastados por un derrumbe o los retorcidos poco a poco por una larga contracción de los músculos. Podemos decir que el final de algunos es mejor y el de otros peor: la muerte de todos es idéntica. Los caminos por donde les llega son diferentes; su acabamiento es uno solo. Ninguna muerte es mayor o menor, pues toma en todos la misma forma: concluir la vida. 44. Lo mismo te digo sobre los bienes: un bien se cuenta sin más entre los placeres, otro entre las cosas tristes y amargas; aquel ha controlado las lisonjas de la suerte, este ha domeñado la violencia: uno y otro son bienes por igual, aunque el primero discurra por un camino llano y suave y el segundo por uno escarpado. Porque el fin de todos ellos es el mismo: son bienes, son loables, van al lado de la virtud y la razón; la virtud iguala todo lo que ella admite.

45. Y no tienes por qué extrañarte de que esto se cuente entre nuestros principios: según Epicuro hay dos bienes que integran la más alta dicha: que el cuerpo carezca de dolor y el alma de perturbación. Estos bienes no se incrementan si son plenos, pues ¿en qué sentido crecería lo que es pleno? El cuerpo carece de dolor:

¿qué puede añadir a esta carencia de dolor? El alma está de acuerdo consigo y en paz: ¿qué puede añadir a esta calma? 46. Al igual que un cielo despejado no admite más claridad una vez que quedó brillante y limpio del todo, el estado del hombre que cuida cuerpo y alma, y con ambos va anudando su propio bien, es perfecto y alcanza la culminación de su deseo si no hay efervescencia en su alma ni dolor en su cuerpo. Si desde fuera sobrevienen algunas complacencias, no incrementan el bien sumo, sino que, por así decirlo, lo condimentan y amenizan; porque el bien absoluto de la naturaleza humana se contenta con la paz del cuerpo y el alma.

47. Y todavía más, te pondré aquí, extraída de Epicuro, una clasificación de los bienes muy parecida a esta nuestra. Hay unas cosas, según él, que preferiría que le cayeran en suerte, como son el sosiego del cuerpo libre de toda molestia y el desahogo del espíritu que goza con la contemplación de sus propios bienes; hay otras que, aunque no quiere que le ocurran, no por ello deja de alabarlas y darles su aprobación, como son ese aguante ante la mala salud y los dolores del que yo poco antes hablaba y en el que se afirmó Epicuro en su última y más venturosa jornada. Y es que llega a decir que, aunque soporta tormentos de su vejiga y su vientre ulcerado en los que no cabe más dolor, ese es para él, sin embargo, un día feliz. Pero pasar un día feliz nadie puede hacerlo si no está instalado en el bien supremo. 48. Luego también para Epicuro son bienes esos que preferirías no experimentar, pero que, puesto que las cosas han venido así, hay que abrazarlos, alabarlos y equipararlos a los más altos. No puede decirse que no se empareje con los bienes más grandes el que dio remate a una vida feliz, el que tuvo de Epicuro unas últimas palabras de agradecimiento. 49. Permíteme, Lucilio, hombre más que bueno, decir algo un tanto osado: si algunos bienes pudieran ser mayores que otros, yo hubiese preferido estos que parecen amargos a aquellos

otros suaves y deliciosos, hubiera dicho que estos son mayores. Y es que hay más grandeza en vencer dificultades que en moderar alegrías. 50. Por la misma razón ocurre, lo sé, que alguno es capaz de soportar bien la felicidad y de soportar con valentía la calamidad. Tan valiente puede ser el que ante la valla monta guardia descuidado, porque ningún enemigo hostiga el campamento, como el que de rodillas se pone en guardia y no suelta las armas, a pesar de que le han rebanado las corvas. «Bravo, valientes», se le dice a los que vuelven de la batalla ensangrentados. Por eso alabaría yo más estos bienes trabajosos, recios, ganados en combate con la fortuna.

51. ¿Dudaré yo en alabar más la mano aquella manca y requemada de Mucio que la mano entera del más valiente? Se quedó de pie y, despreciando a enemigos y a llamas, observaba fijamente cómo su mano goteaba sobre la hornilla enemiga, hasta que Porsina, cuyo castigo pretendía, sintió celos de su gloria y ordenó apartarlo del fuego aunque no quisiera. 52. ¿Cómo no voy a contar este bien entre los primeros y a considerarlo mayor que aquellos otros seguros y no probados por la fortuna, y más aún cuando es más raro vencer al enemigo con mano manca que con mano armada? «¿Entonces qué?», dirás, «¿desearías para ti semejante bien?». ¿Cómo no? Es claro que algo así no puede hacerlo nadie si además no es capaz de desearlo. 53. ¿O desearía más bien alargar mis nudillos a unos degenerados de mi casa para que los ablanden?, ¿que una mujeruca o alguno que se cambió de varón en mujeruca encaje mis deditos? ¿Cómo no voy a considerar yo más dichoso a Mucio por manipular el fuego como si entregara aquella mano suya a un manipulador de huesos? Corrigió del todo cualquier error cometido: acabó una guerra manco y desarmado, y con aquella mano cortada derrotó a dos reyes. Adiós.

71

1. Continuamente me consultas sobre temas particulares, olvidando que nos separa el ancho mar. Como la eficacia de un consejo depende en gran parte del momento, por fuerza tiene que ocurrir que te llegue mi opinión a veces cuando ya valdría más la opinión contraria. Porque los consejos se adaptan a la realidad y nuestra realidad se mueve, mejor dicho, se revuelve; por tanto, cada consejo debe nacer en su día. Incluso entonces es ya demasiado tarde: que nazca, como suele decirse, en el preciso instante. Pero te voy a hacer ver cómo se descubre. 2. Cada vez que quieras saber qué hay que evitar y qué hay que buscar, dirige la mirada al más alto bien, el objetivo de toda tu vida. Todo lo que hagamos debe estar de acuerdo con él: solamente ordenará cada cosa particular el que ya tiene ante los ojos el proyecto completo de su vida. Nadie, aunque tenga a mano los colores, logrará reproducir nada cabalmente si no sabe con certeza qué quiere pintar. Fallamos porque todos recapacitamos acerca de las partes de la vida y nadie recapacita sobre toda ella. 3. Debe saber adónde apunta el que quiere disparar la flecha, y luego enfilar y regular el dardo: marran nuestros planes porque no apuntan a nada; para el que no sabe a qué puerto va no hay viento bueno. Es forzoso que el azar tenga mucho poder en nuestras vidas porque vivimos al azar. 4. Pero a algunos les pasa que no saben que saben algunas cosas; tal como a veces nos ponemos a buscar a aquellos con los que estamos, así desconocemos que el objetivo del bien supremo está a nuestro lado. Deducirás cuál es el bien supremo sin necesidad de muchas palabras ni largos rodeos: hay, por así decirlo, que señalarlo con el dedo y no hay que explayarse mucho, pues ¿qué provecho se sacaría de dividirlo en pequeñas partes, si puedes decir «el bien supremo es lo honesto» o, algo que te va a chocar más, «el único bien es lo honesto, los demás son bienes falsos y engañosos? 5. Si

te convences de esto y enamoras de la virtud (pues amarla es poco), lo que ella toque, eso, da igual lo que a los otros les parezca, será para ti un suceso dichoso y oportuno. Sufrir tormento, si estás echado en el potro con más calma que tu propio verdugo, o enfermar, si no maldices tu suerte, si no te rindes a la enfermedad, todas las cosas, en fin, que a los demás les parecen malas se suavizarán y terminarán siendo buenas si nos elevamos por encima de ellas. Y que quede claro que nada es bueno salvo lo honroso, y todas las molestias se dirán con razón buenas con tal de que la virtud las honre. 6. A muchos les parece que prometemos más de lo que admite la condición humana, y no sin razón, pues atienden al cuerpo. Que reparen en el alma: entonces medirán al hombre a la altura de un dios.

Álzate, Lucilio, el mejor de los hombres, y abandona esa escuela de los filósofos literatos que reducen a sílabas un asunto más que grandioso, que abaten y machacan el espíritu enseñando menudencias: te harás semejante a aquellos que descubrieron esas cosas, no a los que las enseñan y hacen que la filosofía parezca más dificultosa que grande. 7. Sócrates, que redujo toda la filosofía a la moral y enseñó que la sabiduría más elevada era distinguir el bien del mal, afirmaba: «Sigue en esa dirección, si es que ante ti tengo alguna autoridad, para que seas feliz, y deja que alguno te considere tonto. Que te insulte y agravie el que quiera, no importa, tú no sufrirás nada, siempre que la virtud vaya contigo. Si quieres ser feliz», seguía diciendo, «deja que alguno que otro te desprecie». Esto no lo puede conseguir nadie, si antes no ha despreciado todo, si no ha considerado iguales todos los bienes, porque no hay bien sin honradez y la honradez es en todos ellos la misma.

8. «¿Cómo entonces? ¿No hay ninguna diferencia entre la pretura de Catón y su fracaso electoral? ¿Es lo mismo que Catón quede vencido en la batalla de Farsalia o salga vencedor? Este bien

suyo que era no poder ser vencido aunque su bando lo fuera ¿equivalía al otro bien de regresar a la patria como vencedor y administrar la paz?». ¿Cómo no va a equivaler? Con la misma virtud se derrota la mala suerte y se modera la buena; la virtud en sí no puede crecer o menguar, tiene una sola estatura. 9. «Pero Gneo Pompeyo perderá el ejército, pero la orla más hermosa de la república, los nobles, y la vanguardia del bando pompeyano, el senado en armas, serán arrollados en una sola batalla y los escombros de tan gran imperio rebotarán acá y allá sobre el mundo entero: una parte caerá en Egipto, otra en África, otra en Hispania. La pobre república ni siquiera tendrá la suerte de derrumbarse de una sola vez». 10. Aunque ocurrieran todas esas contrariedades —que a Juba, estando en su propio reino, no le sirvieran de nada el conocimiento del terreno ni la valentía empeñosísima de los súbditos en favor de su rey, que fallara incluso la lealtad de los de Útica, quebrantada por la desgracia, y que Escipión desperdiciara en África el buen agüero de su nombre—, ya estaba previsto de mucho tiempo atrás que Catón no sufriera menoscabo alguno. 11. «Pero fue derrotado». Pon también esa entre las derrotas electorales de Catón: con tanta grandeza de espíritu soportará que algo le estorbe la victoria como que le estorbe salir elegido pretor. El día que perdió la votación estuvo jugando, la noche en que iba a morir estuvo leyendo; en un mismo plano colocó la pretura y el dejar la vida; se había convencido de que era su deber soportar todo lo que le ocurriera.

12. ¿Cómo no iba él a sufrir el cambio de régimen político con ánimo firme y sereno? ¿Pero es que hay alguna cosa que escape al riesgo de cambio? La tierra no, tampoco el cielo, tampoco toda esta estructura de la realidad, aunque la dirija la acción de un dios, mantendrá siempre este orden, sino que en algún momento descarrilará del camino que sigue. 13. Todo marcha según unos tiempos fijos: debe nacer, crecer, extinguirse. Todos y cada uno de

los cuerpos que ves correr por encima de nosotros y este sobre el que estamos puestos y asentados, con apariencia de ser muy sólido, se consumirán y acabarán; ninguno deja de tener su propia vejez. La naturaleza los deshace a trechos desiguales en lo mismo: todo lo que es dejará de ser; aunque no perecerá, sino que se desmoronará. 14. Para nosotros desmoronarse es perecer, toda vez que esta mente nuestra, embotada y dependiente del cuerpo, contempla las cosas próximas y no alcanza a ver las más lejanas; de no ser así, afrontaría con más firmeza el final de sí misma y de los suyos, si confiase en que, como todas las cosas, así vida y muerte proceden por turnos, en que lo compuesto se desmorona y lo desmoronado se recompone, en que va virando en esta tarea el artificio eterno del dios que todo lo modera. 15. Por eso, como Marco Catón cuando hubo recorrido con su mente el espacio todo del tiempo, dirá: «Toda la humanidad, la presente y la futura, está condenada a muerte; todas las ciudades, las que han impuesto su dominio y las que han sido florones de imperios extranjeros, vendrá un día en que la gente se pregunte dónde estaban y sean asoladas de diverso modo: a unas las destruirán las guerras, a otras las irá consumiendo la desidia y una paz convertida en pereza o algo tan destructivo para las grandes potencias como el derroche. Todos estos fértiles llanos los esconderá una repentina inundación de aguas marinas o se los llevará un corrimiento del suelo firme que ocasione de pronto un socavón. ¿A qué indignarme o molestarme entonces, si me adelanto por breves instantes al destino común de todo? 16. Que un alma grande obedezca al dios y soporte sin vacilar cualquier mal que le imponga la ley del universo: o ella será enviada a una vida mejor para permanecer con más brillo y sosiego entre seres divinos, o al menos estará sin ninguna molestia, si la vuelven a mezclar con la naturaleza y regresa al todo. Conque la honrosa vida de Catón no es un bien mayor que su honrosa muerte, puesto que la virtud no se intensifica. Sócrates decía que la verdad y la virtud son la misma cosa. Puesto que la primera no crece, tampoco crece la virtud: tiene su propia dimensión, queda plena.

17. Así pues, no tienes por qué extrañarte de que los bienes sean iguales, tanto los que hay que tomar a sabiendas como los que hay que aceptar si así vienen las cosas. Porque si admites su desigualdad, de tal manera que cuentes entre los bienes de menor rango el sufrir tormento, pronto lo contarás sin más entre las cosas malas, y llamarás desdichado a Sócrates en su cárcel, desdichado a Catón cuando volvía a abrirse la herida con más coraje del que puso en hacérsela, y el más desgraciado de todos a Régulo por pagar el castigo de ser leal incluso con el enemigo. Pero es que eso no osaron decirlo ni los más blandengues; niegan ellos que fuera dichoso, pero niegan también que fuera digno de compasión. 18. Los académicos de la vieja escuela reconocen que uno es feliz incluso entre esas torturas, pero no de modo perfecto y pleno, cosa que de ninguna manera puede admitirse: si no es feliz, no está puesto en el bien supremo. Lo que es sumamente bueno no admite escalones más altos, si en ello reside la virtud, si a esta la adversidad no la aminora, si esta persiste indemne aunque despedacen el cuerpo: a pesar de eso permanece. Y es que me estoy refiriendo a la virtud valerosa y sublime, la que se anima con cualquier cosa que le amenace. 19. Esta actitud, que a menudo toman jóvenes de noble carácter a los que ha impresionado la hermosura de alguna acción honrada hasta hacerles despreciar toda obra del acaso, sin duda es la sabiduría la que la infunde y proporciona; ella convencerá a la gente de que el único bien es la honradez, que ese bien no puede ni aflojarse ni ganar en intensidad: eso no sería algo muy distinto que si te pusieras a doblar la regla con la que sueles comprobar las líneas rectas. Cambiar algo, lo que sea, en esa regla es estropear su rectitud. 20. Lo mismo diremos, por tanto, de la virtud: también ella es recta, no permite que se la doble:

¿qué más derechura podemos dar a un objeto recto? Ella juzga sobre todas las cosas, ninguna sobre ella. Si no puede haber cosa más recta que ella, tampoco las cosas que de ella emanan pueden ser unas más rectas que otras, porque es forzoso que sean acordes con ella: así que son iguales.

21. «¿Cómo entonces?», me dices, «¿es lo mismo estar tumbado banqueteando que sufrir tormento?». ¿Y eso te parece asombroso? Pues aquí tienes para que te asombres más todavía: estar tumbado banqueteando es malo y estar en el potro es bueno, si lo primero sucede con deshonra y lo segundo con honra. Esas cosas no las hace buenas o malas la materia sino la virtud; dondequiera que ella hace acto de presencia, todo adquiere el mismo valor y medida. 22. Manotea ahora ante mis ojos el que juzga las almas de todos según la suya, porque digo que son iguales los bienes del que juzga con honra y del acusado que peligra con honra, porque digo que son iguales los bienes del que desfila en el carro de triunfo y del que se ve forzado a ir delante con entereza de ánimo. Y es que estos creen imposible que se lleve a cabo cualquier cosa de la que ellos son incapaces; dictaminan sobre la virtud de acuerdo con su propia flaqueza. 23. ¿Por qué te extrañas si a veces convienen y hasta agradan quemaduras, heridas, muertes, cadenas? Para el licencioso la frugalidad es un castigo, para el haragán el trabajo es poco menos que un suplicio, el blandengue compadece al laborioso, para el holgazán estudiar es recibir tormento; del mismo modo creemos duras e insoportables todas las cosas para las que somos débiles, olvidando para cuántos es un tormento no tener vino o levantarse al despuntar el alba. Esas cosas no son difíciles por naturaleza, sino que somos nosotros los flojos e indolentes. 24. Hay que juzgar con grandeza de ánimo sobre las cosas grandes; de no ser así, parecerá defecto de ellas lo que es defecto nuestro. Es lo mismo que cuando se sumerge en agua un objeto completamente recto y le parece al que lo mira alabeado o

roto. No importa tanto lo que ves que cómo lo ves: nuestro espíritu se ofusca a la hora de percibir la verdad. 25. Tráeme aquí un jovencito íntegro y de inteligencia viva: dirá que para él el más afortunado es aquel que soporta todas las cargas de la adversidad con hombros firmes, el que se eleva por encima de la fortuna. No es de extrañar que en medio de la tranquilidad nadie se altere: extráñate más bien de que alguno se alce donde todos se achantan, que se mantenga en pie donde todos están por los suelos. 26. ¿Qué mal hay en los tormentos?, ¿qué mal hay en las demás situaciones que llamamos desfavorables? Una sola cosa, en mi opinión, cercenar la mente, doblegarse y sucumbir. Nada de eso le puede suceder al varón sapiente: se mantiene derecho bajo cualquier carga. Ninguna cosa lo hace más pequeño; no le desagrada nada de lo que tenga que soportar. Porque no se queja de que se le venga encima cualquier cosa que se le puede venir encima a un hombre. Conoce sus fuerzas; sabe que está hecho para llevar la carga. 27. No saco al sabio del conjunto de los hombres ni aparto de él los dolores como si fuera un pedrusco carente de toda sensibilidad. Considero que está compuesto de dos partes: una es irracional, y esa le muerde, le quema, le duele; la otra es racional, y esa mantiene convicciones firmes, es intrépida e indomable. En esta última reside el bien supremo del hombre. Antes de que se complete ese bien, la mente da vueltas sin meta, pero cuando está acabado del todo, adquiere una estabilidad inamovible. 28. Por eso el iniciado, el que avanza hacia la cumbre y practica la virtud, incluso si está ya cerca del perfecto hombre bueno pero todavía no se ha dado el último toque, caminará retrocediendo a trechos y aflojará un poco en la atención que presta, ya que no ha dejado atrás la incertidumbre, todavía se mueve en terreno resbaladizo. En cambio, el feliz, el hombre de virtud acabada, se gusta ante todo cuando sufre una prueba muy recia; las cosas temibles para los demás, si son el pago de algún deber honroso, no solo las soporta, sino que las abraza, y prefiere mucho más que digan «qué hombre tan bueno» y no «qué hombre tan dichoso».

29. Llego ahora al punto al que me llevan tus expectativas. Para que la virtud de que hablo no parezca extraviarse fuera de la naturaleza, el sabio temblará y se apenará y se pondrá pálido, pues todas esas son sensaciones corporales. Así que ¿dónde está el desastre?, ¿dónde el auténtico mal? Está claro dónde: si esas cosas abaten el espíritu, si lo arrastran a confesarse esclavo, si hacen que sienta pesar de sí mismo. 30. Sin duda el sabio supera con su virtud a la fortuna, pero muchos que profesan la sabiduría se espantan a veces ante la más ligera amenaza. Nuestro fallo está en este punto particular de pedirle lo mismo al sabio que al aspirante. Todavía me estoy convenciendo de estos principios que doy por buenos, aún no estoy convencido del todo, y aunque estuviera convencido, aún no los tendría tan bien asimilados o puestos en práctica como para que me sirvieran en todos los casos. 31. Al igual que la lana se hace con ciertos colores en un primer intento y de otros en cambio no se embebe si no se macera con ellos y se recuece bien, así los caracteres responden de inmediato cuando aprenden las otras disciplinas: esta, en cambio, si no penetra profundamente y se asienta largo tiempo, si no impregna de color el alma sino que se limita a teñirla, no responde ni cumple ninguna de sus promesas. 32. Hace falta poco tiempo y pocas palabras para mostrar lo siguiente: que el único bien es la virtud, que al menos no hay bien ninguno sin la virtud, y que la propia virtud se sitúa en nuestra parte mejor, esto es, en la parte racional. ¿Qué cosa será esa virtud? El juicio verdadero e inconmovible, pues de él vendrán los impulsos de la mente, a partir de él toda idea que desencadene un impulso resultará clara. 33. A este juicio corresponderá considerar como buenas e iguales entre sí todas las cosas que tienen relación con la virtud. Las cosas buenas del cuerpo son sin duda

buenas para el cuerpo, pero en su totalidad no son buenas; tendrán algún valor, es cierto, pero no nobleza; estarán a mucha distancia unas de otras: unas serán menores y otras mayores. 34. Es necesario que admitamos que se dan grandes diferencias entre los propios aspirantes a la sabiduría: uno ha progresado ya tanto que se atreve a dirigirle una mirada a la fortuna, pero sin insistencia —pues sus ojos se desvían deslumbrados por el mucho brillo—, otro ha progresado tanto que puede mirarla cara a cara, si no es que incluso ya llegó a la cumbre y se siente lleno de confianza. 35. La imperfección es forzoso que se tambalee y en unos momentos avance y en otros vacile un poco y trastabille. Pero vacilará si no insiste en caminar y afanarse; si se relaja algo en su interés y en su atención constante, por fuerza irá hacia atrás: nadie encuentra su progreso allí donde lo ha dejado.

36. Insistamos, pues, y perseveremos; nos quedan más obstáculos de los que hemos abatido, pero gran parte del provecho es querer sacar provecho. De esto soy responsable: de querer y querer totalmente. Veo que tú también estás motivado y que corres a gran velocidad hacia el bien más hermoso. Corramos: así por fin la vida será una cosa buena; de lo contrario, es una pérdida de tiempo sin duda vergonzosa para quienes la pasan entre sordideces. Hagamos que todo nuestro tiempo sea nuestro; pero no lo será, si antes no empezamos a ser dueños de nosotros mismos. 37. ¿Cuándo será que desprecie yo las dos caras de la suerte? ¿Cuándo será que domine todos mis sentimientos, los ponga a las órdenes de sí mismos y deje escapar la palabra «vencí»? ¿Me preguntas a quién? No a los persas, ni a los medos remotísimos, ni a ninguna otra nación guerrera, si la hay, más allá de los dahas, sino a la codicia, sino a la ambición, sino a ese miedo a la muerte que venció a vencedores de pueblos. Adiós.

74

1. Tu carta me deleitó y me sacó de mi postración; también avivó mi memoria, que ya se me ha vuelto perezosa y lenta. ¿Cómo tú, querido Lucilio, no ibas a pensar que es el mejor medio para alcanzar la vida dichosa este convencimiento de que el único bien es lo honesto? Porque el que cree que hay otros bienes cae en poder de la fortuna, queda al arbitrio de otro: quien limita todo bien a lo honesto es feliz dentro de sí mismo. 2. Uno está triste por haber perdido a los hijos, otro está preocupado por tenerlos enfermos, un tercero está triste por su conducta deshonesta que de algún modo los desprestigia; a aquel lo verás torturarse con su amor a la mujer de otro, a este con el amor de la suya; no faltará quien esté destrozado por un fracaso electoral; habrá incluso a quienes maltrate el propio cargo. 3. Pero la masa mayor de hombres desdichados es la que se ve agitada por la espera de la muerte, que de todas partes amenaza, pues no hay lugar desde donde no llegue. Por eso, como los que se mueven en territorio enemigo, tienen que mirar alrededor y volver la cabeza al menor ruido; si este miedo no se echa del corazón, se vive con el pulso acelerado. 4. Se nos vendrán a la cabeza los enviados a destierro y los despojados de sus bienes; se nos vendrán a la cabeza los menesterosos en medio de sus riquezas (que es la clase de pobreza más terrible); se nos vendrán a la cabeza los náufragos o los que sufrieron algo parecido a un naufragio, los que, estando tranquilos y descuidados, fueron abatidos por la ira o el rencor del populacho (que es el arma que más daño hace a los mejores) como por la tempestad que a veces se desata con un cielo despejado que inspira confianza, o como por el rayo repentino que con su golpe hace temblar incluso las casas vecinas. Y es que al igual que el que está cerca del rayo se queda tan aturdido como aquel al que le cayó encima, de la misma manera en estos accidentes violentos la

calamidad aplasta a uno solo y a los demás los aplasta el miedo, dando lugar a que sufran la misma desolación que los afectados. 5. Los males ajenos y repentinos inquietan los ánimos de todos. Lo mismo que a los pájaros los espanta incluso el zumbido de la honda vacía, así nosotros nos sobresaltamos no ya con la pedrada sino con el chasquido. Así pues, nadie puede ser feliz si se da crédito a semejantes opiniones. Porque no hay felicidad más que donde no hay miedo; se vive mal entre sospechas. 6. Todo aquel que se entrega demasiado a lo fortuito se fabrica una trama enorme e inextricable de angustias: el único camino de quien marcha hacia lo seguro es despreciar las cosas externas y contentarse con lo honroso. Porque el que cree que hay algo mejor que la virtud, o que hay algún bien aparte de ella, extiende su manto para recoger los bienes que la fortuna salpica a voleo y aguarda angustiado sus lanzamientos. 7. Preséntale por eso a tu imaginación este cuadro: la Fortuna está celebrando unos juegos y tira hacia su público de hombres mortales cargos, riquezas, popularidad; de todas estas cosas unas quedan destrozadas entre las manos de los que las arrebatan, otras se reparten entre socios desleales, otras se toman con gran daño de los que las consiguen. De ellas algunas le caen a gente que andaba en otra cosa, algunas, porque se las buscaba con demasiado empeño, se perdieron y escurrieron por apretarlas con codicia: lo cierto es que ninguno, ni siquiera el que tuvo suerte en su rebatiña, disfrutó del logro en lo sucesivo. Así que los más previsores, en cuanto ven que llega la hora de los regalillos, salen corriendo del teatro y saben que se pagan caras esas pequeñeces. Nadie se enzarza con el que se retira, nadie hiere al que sale: la pelea ocurre en torno al premio. 8. Pasa esto mismo con los bienes que la Fortuna tira desde lo alto: pobres de nosotros, nos acaloramos, nos achuchamos, desearíamos tener muchas manos, echamos la vista ahora a un lado, ahora a otro; creemos que se nos tiran demasiado tarde las cosas que excitan nuestros deseos, esas que llegarán a pocos y todos esperan. 9. Deseamos correr al encuentro de lo que cae; nos alegramos si cogemos algo antes que nadie y si las esperanzas de algunos resultaron vanas; pagamos un botín barato con alguna grave molestia o nos sentimos frustrados. Apartémonos, pues, de estos juegos y dejémosles el sitio a los rateros; que ellos miren estos bienes que cuelgan ahí sin caer y que ellos sigan así más colgados todavía.

10. Quienquiera que decida ser feliz que piense que no hay otro bien que lo que es honesto; porque si cree que hay otro, para empezar, juzga mal a la providencia, ya que a los varones justos les ocurren muchas molestias y cada cosa que a nosotros nos da es breve y pequeña si la comparas con la edad del mundo entero. 11. De esta lamentación que te voy a decir nace el que seamos intérpretes desagradecidos de las cosas divinas: nos quejamos de que no siempre nos caigan en suerte, de que sean pocas e inseguras y provisionales. De ahí viene que no queramos ni vivir ni morir: nos domina el odio a la vida, el temor a la muerte. Todos nuestros planes titubean y ninguna felicidad nos puede llenar. Pero la causa de todo es que no alcanzamos ese bien inmenso e insuperable donde es forzoso que se quede plantada nuestra voluntad, ya que más allá de lo más alto no hay lugar ninguno. 12. ¿Quieres saber por qué la virtud no necesita de nada? Se alegra con lo presente, no anhela lo ausente; nada deja de ser para ella grande si es suficiente. Prescinde de este planteamiento y no se sostendrá la bondad ni la lealtad, ya que el que quiera dar muestras de una y otra tendrá que padecer muchas de esas cosas que llamamos malas, renunciar a muchas otras en las que nos complacemos creyéndolas buenas. 13. Se pierde la fortaleza que tiene que ponerse a prueba; se pierde la grandeza de ánimo que no puede destacar más que cuando desprecia como fruslerías todo lo que el vulgo desea como muy valioso; se pierde la gratitud y todo testimonio de gratitud si tememos la fatiga, si conocemos algo más valioso que la lealtad, si no atendemos a lo mejor.

14. Pero, por dejar ya este tema, o esos bienes no son lo que se dice o el hombre es más feliz que el dios, puesto que el dios sin duda no puede disfrutar de las cosas que a nosotros nos son queridas; no le atañe, en efecto, ni la sensualidad, ni la alegría de los banquetes, ni las riquezas, ni nada de lo que engatusa a los hombres y los arrastra por medio de un placer ruin. Conque, o bien es creíble que el dios carezca de bienes, o bien el propio argumento demuestra que no son bienes justamente porque el dios carece de ellos. 15. Añade a esto que muchas cosas que se pretende que son buenas se dan en los animales con mayor plenitud que en el hombre. Ellos disfrutan de la comida con mayor avidez, en el coito no se fatigan tanto, sus fuerzas son más sólidas y constantes: se sigue que son mucho más felices que el hombre. Y es que viven sin maldad, sin engaños; disfrutan de placeres más asequibles y abundantes, sin miedo al pudor o al arrepentimiento. 16. Considera tú si por ese camino hay que llamar un bien a aquello en lo que el dios se ve superado por el hombre y el hombre por los animales. Limitemos el bien supremo al alma: decae si pasa de nuestra parte mejor a la peor y se transfiere a los sentidos, pues estos son más activos en los animales irracionales. No hay que poner lo esencial de nuestra felicidad en la carne: los bienes verdaderos son los que la razón proporciona, bienes sólidos y sempiternos, que no pueden cesar, ni siquiera disminuir o reducirse. 17. Los otros son bienes según la opinión y comparten nombre con los verdaderos, pero no lo son con propiedad; así que será mejor llamarlos ventajas y, por valerme del término que usan los nuestros, preferencias. Pero sepamos que son esclavos nuestros, no partes, y que estén con nosotros, sí, pero de tal modo que recordemos que están fuera de nosotros; e incluso si están con nosotros, cuéntense entre las cosas bajas y humildes que para nadie deben ser motivo de orgullo. Pues ¿qué hay más estúpido que darse postín por algo que uno no ha hecho? 18. Que todas esas cosas se nos arrimen, pero

no se nos peguen, de modo que, si nos las quitan, desaparezcan sin hacernos el menor rasguño. Usémoslas, no presumamos de ellas, y usémoslas con moderación como si las poseyéramos en depósito y a punto de dejarnos. Todo el que las posee sin discreción no las posee mucho tiempo, pues la propia felicidad se restringe si no se atempera. Si se confía a bienes muy fugaces, pronto se ve abandonada y al verse abandonada se aflige. A pocos se les permitió abandonar su felicidad suavemente: los demás cayeron junto con los elementos entre los que destacaron; los aplastan las mismas cosas que los alzaron. 19. Por tanto se añadirá la discreción que puede imponer límite y mesura en esos bienes, ya que sin duda el libertinaje desparrama y tritura los propios recursos, y lo desmesurado nunca duró si no lo reprime la razón moderadora. Esto te lo hará ver el destino de muchas ciudades cuyos imperios excesivos cayeron en pleno apogeo: todo lo que la virtud produjo lo echó abajo la intemperancia. Tenemos que amurallarnos contra estas desgracias. Pero ningún muro es inexpugnable contra la fortuna: pertrechémonos bien por dentro; si esa parte está segura, puede ocurrir el asedio del hombre pero no la toma. ¿Quieres saber cuáles son esos pertrechos? 20. Que no se indigne por nada de lo que le suceda y sepa que esas mismas cosas que parecen dañarle atañen a la conservación del todo y son las que llevan a término la marcha y la tarea del mundo; apruebe el hombre lo que el dios aprueba; admírese a sí mismo y sus cosas precisamente porque no puede ser superado, porque tiene bajo su poder a los males, porque con la razón, más fuerte que la cual no hay nada, sojuzga al acaso, a la desgracia y al dolor. 21. ¡Ama a la razón! Su amor te armará contra lo más duro. El amor a sus cachorros hace que la fiera salte contra el venablo, su fiereza e irreflexivo ataque la vuelven indomable; el ansia de gloria lleva en ocasiones a los caracteres juveniles a que indistintamente desprecien la espada y el fuego; una imagen o sombra de virtud empuja a algunos a la muerte voluntaria: en la medida en que la razón es más fuerte que todo eso, más firme, con tanto mayor empuje atravesará terrores y peligros.

22. «Es inútil», se dirá, «que neguéis que haya otro bien que la honestidad. Ese baluarte no os protegerá ni os pondrá a salvo de la fortuna. Ya que decís que entre las cosas buenas están unos hijos honrados, una patria bien gobernada y unos padres buenos, no podéis contemplar sin preocuparos cómo corren determinados riesgos: os alterará el asedio de la patria, la muerte de los hijos, la esclavitud de los padres».

23. Voy a recoger aquí lo que contra estos se suele responder por parte de los nuestros; luego añadiré lo que además creo yo que se debe responder. Distinta es la condición de aquellas cosas que al perderse vienen a ser sustituidas por alguna clase de molestia; por ejemplo, la buena salud, si se estropea, se convierte en mala; la buena vista, si la perdemos, nos vemos afectados de ceguera; no solo se pierde la capacidad de correr si nos cortan las corvas, sino que a eso le sigue la cojera. Este riesgo no cabe en las cosas que antes referimos. ¿Por qué? Si pierdo a un buen amigo, no tengo que sufrir traición en su lugar, ni tampoco si entierro a unos buenos hijos vendrá la deshonra a ocupar el sitio que dejaron. 24. Además, ahí no se da la destrucción de amigos o hijos, sino solo la de sus cuerpos. Pero lo bueno solamente se destruye de una manera: si se convierte en malo; eso no lo permite la naturaleza, ya que toda virtud y toda obra de virtud permanecen incorruptibles. Además, aunque los amigos perezcan, aunque perezcan unos hijos íntegros y en todo acordes con los deseos de su padre, hay algo que viene a ocupar su lugar. ¿Me preguntas el qué? Aquello que los había hecho buenos: la virtud. 25. Ella no permite que nada quede vacío, ocupa el alma entera, elimina la añoranza de cualquier cosa, se basta sola, ya que en ella está la fuerza y el origen de todos los bienes. ¡Qué importa si una corriente

de agua se interrumpe y cesa, si el manantial de donde mana sigue entero! No dirías que una vida es más justa si están a salvo los hijos, ni que es más ordenada, más juiciosa, más honesta; luego tampoco dirías que es mejor. El ganar amigos no lo hace a uno más sabio, ni el perderlos más tonto; luego tampoco lo hace más feliz o desdichado. Mientras la virtud esté entera, no sentirás que pierdes algo, sea lo que sea. 26. «Y entonces ¿qué? ¿No es más feliz el hombre rodeado de una masa de amigos e hijos?». Ni mucho menos. Como que el bien supremo ni sufre quebranto ni se acrecienta; permanece en sus términos, se porte la fortuna como se porte. Sea que a uno le caiga en suerte una larga vejez, sea que fallezca antes de llegar a viejo, la medida del bien supremo es la misma, aunque la del tiempo vivido sea diferente. 27. El que tú dibujes un círculo mayor o menor depende del espacio, no de la forma; aunque el uno lo dejes estar largo tiempo y el otro lo borres enseguida y lo disperses en ese mismo polvo en que lo dibujaste, una y otra era la misma figura. Lo recto no se juzga por el tamaño, ni por la medida o la duración; no puede ni alargarse ni acortarse, tanto da. Abrevia una vida honrada de cien años todo lo que quieras, redúcela a un solo día: es lo mismo de honrada. 28. A veces la virtud se desparrama a todo lo ancho, administra reinos, ciudades, provincias, emite leyes, cultiva amistades, rinde servicios entre familiares e hijos; a veces queda encerrada en los estrechos límites de la pobreza, del destierro, de la carencia de hijos; pese a todo, no es más pequeña si de la altura baja al suelo, si del palacio va al domicilio privado, si desde la amplia jurisdicción de lo público pasa a las estrecheces de tu casa o tu rincón. 29. Es grande por igual, aunque la echen de todas partes y se repliegue sobre sí misma; porque no por ello dejará de ser empresa animosa y de gran aliento, de aquilatada discreción, de ineludible justicia. Luego es feliz por igual; porque la felicidad está situada en un solo sitio, en la mente, como algo estable, grande, tranquilo, algo que no puede lograrse sin el conocimiento de las cosas divinas y humanas.

30. Viene ahora aquello que dije que tendría que ser mi propia respuesta. El sabio no se aflige con la pérdida de hijos, de amigos; porque afronta la muerte de ellos con la misma actitud con que espera la suya; a esta última no la teme más de lo que le duelen las otras. Y es que la virtud se basa en la armonía: todas sus obras concuerdan y se ajustan a ella misma. Esta conformidad se destruye si el alma, que tiene que ser elevada, se rebaja a causa de la pena o la añoranza. Todo miedo y preocupación son deshonrosos, la pereza lo es en cualquier actividad; porque lo honroso es sereno y desenvuelto, es imperturbable, está listo y dispuesto a la tarea. 31. «¿Qué pasa entonces? ¿No sufrirá algo parecido a una turbación? ¿No le cambiará el color, no se le demudará el semblante y el cuerpo sentirá escalofríos o cualquier otro accidente de esos que no dependen del alma sino que ocurren según cierto impulso involuntario de la naturaleza?». Lo admito; pero seguirá estando convencido de lo mismo, de que ninguna de esas cosas es un mal ni puede valer para que una mente sana desfallezca. 32. Todo lo que tenga que hacer lo hará con valentía y prontitud. Porque cualquiera diría que es propio de la estupidez hacer lo que hace con desgana y terquedad, empujar el cuerpo hacia una parte y el alma hacia otra, desgarrarse en movimientos opuestos. En efecto, se siente despreciada justamente por aquellas obras que le permiten engreírse y admirarse, pero ni siquiera hace con gusto aquello de lo que presume. Ahora bien, si teme algún mal, se agobia durante la espera como si ya hubiese venido y, por culpa del miedo, sufre cada cosa que teme sufrir. 33. Al igual que en los cuerpos enfermos hay síntomas que cursan con anterioridad al propio mal —una cierta flojera deslavazada, un cansancio no motivado por el trabajo, bostezos y estremecimientos que sacuden las carnes—, así el alma enferma se ve sacudida por males antes

de que la aplasten; tiene barruntos y decae antes de tiempo. Pero ¿qué locura mayor que angustiarse con sucesos futuros y, en vez de reservarse para el tormento, provocar y atraerse desgracias que lo mejor sería aplazar si uno no puede quitárselas de encima? 34. ¿Quieres enterarte ya de que nadie debe atormentarse con el futuro? Cualquiera que oyera decir que al cabo de cincuenta años tendrá que padecer suplicios no se alteraría, a no ser que pasase ya ese plazo intermedio y se viera metido en esa situación angustiosa que habrá de ocurrir al cabo de una generación completa: del mismo modo sucede que cosas antiguas y ya pasadas contristan a las almas voluntariamente enfermas y que andan a la caza de razones para sufrir. Tanto las cosas pasadas como las futuras no están con nosotros: no sentimos ni las unas ni las otras. Y no hay dolor más que a partir de aquello que sientes. Adiós.

76

1. Me notificas que vas a enemistarte conmigo si te quedas sin saber algo de lo que hago cada día. Mira con cuánta franqueza me relaciono contigo que hasta voy a confiarte lo siguiente: estoy oyendo a un filósofo y ya va por el quinto día que acudo a su escuela y oigo sus lecciones desde la hora octava. «¡A buena edad!», dirás. ¿Por qué no buena? ¿Es que hay algo más estúpido que no aprender por haber pasado mucho tiempo sin hacerlo? 2. «¿Qué entonces? ¿Haré lo mismo que los mozalbetes y los jóvenes?». Buen trato se me da si esto es lo único que desdice de mi vejez. Esta escuela admite a hombres de todas las edades. «¿Hacernos viejos justamente para ir adonde los mozos?». Iré al teatro a pesar de ser viejo y me llevarán al circo y ninguna pareja luchará sin mí: ¿voy a ruborizarme por acudir a un filósofo? 3. Hay que aprender tanto tiempo cuanto se es ignorante. Si damos crédito al prover-

bio, toda la vida. Y a ninguna cosa conviene más este refrán que a esta: hay que aprender cómo vivir durante todo el tiempo que uno está vivo. Sin embargo, yo allí también enseño algo. ¿Quieres saber el qué? Que incluso un viejo tiene que aprender. 4. Pero me avergüenzo de la humanidad siempre que entro en la escuela. Quienes van a la casa de Metronacte, como sabes, tienen que pasar justo al lado del teatro de Nápoles. El teatro, evidentemente, está atestado y allí se está dilucidando quién es mejor flautista; también concurren allí el trompetista griego y el heraldo; por contraste, en el lugar en el que se persigue la hombría de bien, se aprende la hombría de bien, se sientan poquísimos y a la masa le parece que estos tales no tienen nada provechoso que hacer; la gente los llama incapaces y holgazanes. Ojalá se rían de mí así: hay que oír con calma los insultos de los necios y quien camina hacia el bien tiene que despreciar hasta el desprecio.

5. Sigue, Lucilio, y apresúrate para que no te pase lo que a mí y tengas que aprender de viejo; mejor aún, date prisa justamente porque ahora has abordado algo que apenas podrás aprender bien de viejo. «¿Cuánto provecho sacaré?», dirás. Todo el que pretendas. 6. ¿A qué esperas? A nadie le corresponde ser sabio por casualidad. El dinero vendrá por su propia cuenta, los cargos te los ofrecerán, la popularidad y el prestigio tal vez te los endosen: la virtud no te caerá encima. Ni siquiera con un trabajo llevadero o un pequeño esfuerzo se llega a conocerla: pero vale la pena que se esfuerce quien va a conseguir todos los bienes de una vez. Porque lo bueno es lo mismo que lo honesto: nada verdadero, nada seguro hallarás en cualquier cosa que se pliega a la opinión. 7. Pero voy a explicar por qué lo bueno es lo mismo que lo honroso, ya que consideras que he desarrollado poco el tema en la carta anterior y crees que la cosa ante ti más bien queda enaltecida que demostrada, y voy a reducir a breves términos lo que ya se dijo.

8. Todas las cosas se valoran por su bondad propia. La fertilidad y el sabor de sus vinos hacen buena a la viña, la velocidad al ciervo; pones a prueba la robustez de los lomos de aquellas bestias cuya única utilidad es precisamente acarrear bultos; en un perro el olfato es lo primero si tiene que rastrear venados, la carrera si tiene que perseguirlos, el arrojo si tiene que morder y atacar: en cada cual lo mejor ha de ser aquello para lo que nace, aquello por lo que se le aprecia. 9. En el hombre ¿qué es lo mejor? La razón: gracias a ella va por delante de los animales, se acerca a los dioses. Por consiguiente, una razón consumada es su bien propio, y los otros bienes los comparte con animales y vegetales. Tiene fuerzas: también el león; es hermoso: también el pavo real; es veloz: también el caballo. Ni que decir tiene que en todas esas cualidades se ve superado; no me interesa saber cuál es su posesión mayor sino cuál es la suya propia. Tiene un cuerpo: también el árbol; tiene un impulso y un movimiento a deseo: también la fiera y el gusano. Tiene voz, pero ¡cuánto más recia la tiene el perro, más penetrante el águila, más grave el toro, más suave y flexible el ruiseñor! 10. ¿Qué hay en el hombre como cosa propia suya? La razón: cuando es recta y cabal colma la felicidad del hombre. Por tanto, si todo ser, cuando realiza plenamente su propio bien, merece aprobación y llega a la meta de su naturaleza propia, y el hombre tiene como bien propio la razón, si a su vez la realiza plenamente, merece aprobación y alcanza la meta de su naturaleza propia. Esta razón consumada se denomina «virtud» y se equipara a la honradez. 11. Y es que en el hombre es bien único aquello que al hombre únicamente pertenece, pues ahora no nos estamos planteando qué cosa es el bien, sino qué cosa es el bien del hombre. Si ningún otro es propio del hombre aparte de la razón, ella será su bien único, pero en compensación valdrá por todos los otros. Si alguien es malo, creo yo, tendrá desaprobación, y si es bueno aprobación, también lo creo. Esto es por tanto en el hombre lo principal y único que ocasiona aprobación o desaprobación.

12. No dudas de que este sea el bien; dudas de que sea el único bien. Si uno tiene todos los demás —salud, riquezas, retratos de antepasados, un portal concurrido—, pero es, según confesión propia, malvado, mostrarás ante él tu desaprobación; igualmente si otro no tiene ninguna de estas cosas que acabo de mencionar, faltándole dinero, masas de clientes, abolengo heredado de una retahíla de abuelos y bisabuelos, pero es, según confesión propia, bueno, le darás tu aprobación. Luego este es el único bien del hombre, y quien lo posee, aunque le falten los otros, merece alabanzas, mientras que quien no lo posee, aun sobrado de todos los otros, recibe condena y rechazo. 13. Los hombres tienen la misma condición que las cosas: decimos que un barco es bueno, no cuando está pintado con exquisitos colores, ni cuando tiene un espolón dorado o plateado, ni cuando el mascarón está tallado en marfil, ni cuando va cargado con el peso de dineros del fisco o tesoros de reyes, sino cuando es estable, recio y compacto gracias a un ensamblaje impermeable al agua, sólido a la hora de aguantar los embates del mar, obediente al timón, rápido y firme frente al viento; 14. dirás que una espada es buena, no cuando tiene un talabarte recamado de oro o una vaina llamativa con piedras preciosas, sino cuando tiene estrecho filo para cortar y una punta capaz de romper cualquier coraza; en una regla no reparamos en lo bonita, sino en lo derecha que es: cada cosa recibe aprobación según aquello para lo que se adquiere, aquello que le es propio. 15. Luego también en el hombre importa poco cuánto terreno ara, cuánto capital presta a interés, cuánta gente incontable le rinde saludo, lo exquisito que sea el asiento donde se recuesta y lo transparente de la copa en que bebe, sino lo bueno que él es. Pero es bueno si su razón está desarrollada, es recta y se adapta a los designios de su propia naturaleza. 16. A ella se le llama «virtud», ella es lo honroso y el bien exclusivo del hombre. Y es que como solo la razón deja al hombre acabado, solo la razón lo vuelve aca-

badamente dichoso; ella es de otra parte el único bien gracias al cual únicamente se vuelve dichoso. Decimos que también son bienes aquellos que derivan y surgen de la virtud, es decir, sus obras todas; pero ella es el bien único justamente porque ningún bien se da sin ella. 17. Si todo bien reside en el espíritu, cualquier cosa que refuerza, eleva y engrandece al espíritu es un bien; y ya se sabe que la virtud vuelve al espíritu más fuerte, más elevado y más grande. Las otras cosas que, en efecto, excitan nuestros deseos, abaten por otro lado el espíritu y lo debilitan y, cuando parece que lo enaltecen, lo inflan y a base de mucha vaciedad dan el pego. Luego este es el único bien mediante el cual el espíritu se vuelve mejor. 18. Todas las actividades de la vida entera se regulan de acuerdo con su honestidad o torpeza; a lo uno y lo otro atiende la razón de llevarlas a cabo o evitarlas. Diré en qué consiste eso: el hombre bueno hará, incluso si es trabajoso, aquello que crea que puede hacer honrosamente, lo hará incluso si es perjudicial, lo hará incluso si es peligroso; a su vez evitará lo que es torpe, incluso si le reporta dinero, o deleite o poder; no hay cosa que le pueda alejar de lo honroso, no la hay que pueda incitarle a lo torpe. 19. Luego si con toda seguridad perseguirá lo honroso, con toda seguridad evitará lo feo, y cada acto de su conducta atenderá a estos dos principios, que lo bueno no resulta ser otra cosa que lo honroso y que lo malo equivale a lo torpe; si solo la virtud es incorruptible y solo ella mantiene siempre el mismo tenor, el único bien es la virtud, a la que en tal caso no puede ocurrirle que deje de ser un bien. Escapa a los riesgos del cambio: la necedad se arrastra hacia la sabiduría, la sabiduría no se retuerce en busca de la necedad. 20. Ya te he dicho, y puede que te acuerdes, que muchos, por un impulso irracional, han pisoteado bienes y males que el común de los hombres ansía o teme: se ha hallado quien tirara sus riquezas, se ha hallado quien pusiera una mano en la llama, quien no dejara de reírse en presencia del torturador, quien no echara una lágrima en el entierro de sus hijos, quien corriera sin temblar al encuentro de la muerte; y es que el amor, la ira, el deseo exigen pruebas. Lo que puede un momentáneo empecinamiento del espíritu incitado por algún estímulo, cuánto más lo puede la virtud que no muestra su capacidad en un impulso o de modo repentino, sino de modo siempre igual, que tiene una fuerza constante. 21. Se desprende de ahí que las cosas despreciadas por los ignorantes a menudo y por los sabios siempre, esas no son ni buenas ni malas. Luego el bien único es la virtud como tal, que marcha orgullosa entre estos azares ahora y aquellos después, con gran desprecio de los unos y los otros.

22. Si haces tuya la opinión de que hay algún bien aparte de lo honroso, no hay virtud que no sufra menoscabo, ya que ninguna podrá mantenerse si pone sus miras en alguna cosa fuera de sí misma. De ser así, ello choca con la razón, de la que derivan las virtudes, y con la verdad, que no se da sin la razón; y cualquier opinión que está reñida con la verdad es falsa. 23. El hombre bueno tienes que convenir conmigo que ha de ser muy devoto de los dioses. Cualquier cosa que le ocurra la sufrirá con serenidad precisamente porque sabe que le ha ocurrido según la ley divina que rige la marcha del universo. De ser así, el bien será para él lo mismo que lo honroso, ya que en ello se incluye tanto el obedecer a los dioses como el no alterarse ante imprevistos ni lamentar la propia suerte, sino aceptar con paciencia el destino y hacer lo que ordene. 24. Si lo bueno es algo diferente de lo honroso, nos perseguirá el ansia de vivir, el ansia de aquellos bienes que son medios de subsistencia, un sentimiento insufrible, confuso, tornadizo. Por consiguiente, solo lo honroso, ya que tiene un límite, es lo bueno.

25. Hemos dicho que el hombre tendría una vida más dichosa que la de los dioses, si fueran bienes aquellos de los que los dioses no hacen uso, como el dinero, los cargos. Añade ahora que, si las

almas persisten tras soltarse del cuerpo, les aguarda un estado de dicha mayor que cuando residían dentro del cuerpo. Pero si son bienes esos de los que disfrutamos a través del cuerpo, les irá peor a las almas echadas fuera, aunque resulta difícil de creer que las almas encerradas y cercadas sean más felices que las libres y devueltas al universo. 26. Dejé dicho asimismo que, si son bienes los que por igual les corresponden a hombres y animales irracionales, también los animales irracionales llevarán una vida dichosa, y eso no puede ser en modo alguno. Hay que soportarlo todo por causa de lo honroso, cosa que no habría que hacer si hubiera algún otro bien fuera de lo honroso.

Aunque ya desarrollé estos conceptos más por extenso en una carta anterior, los he condensado y recorrido de pasada. 27. Pero nunca te parecerá verdadera tal opinión si no elevas tus pensamientos y te preguntas a ti mismo si, caso de que la situación te exigiera morir por la patria y salvar con la tuya la vida de todos tus paisanos, estarías dispuesto a presentar el cuello al verdugo no solo con resignación sino incluso con gusto. Si estás dispuesto a hacer esto, es que no hay ningún otro bien, ya que renuncias a todo para obtener ese. Mira cuánta fuerza tiene lo honroso: morirás por la república, aunque tengas que hacerlo en cuanto sepas que tienes que hacerlo. 28. Entretanto, de este hecho tan hermoso se saca, aunque sea por un tiempo breve y reducido, un gozo inmenso y, a pesar de que ningún disfrute de la acción llevada a cabo corresponde al ya difunto y privado de los bienes humanos, la mera contemplación de su futura empresa es provechosa sin embargo, y el hombre valiente y cumplidor, cuando pone ante sus ojos las compensaciones de su muerte —la libertad de la patria, la salvación de todos aquellos por los que entrega su vida—, se instala en un gran deleite y disfruta con la propia prueba. 29. Pero también aquel al que se le arrebata este gozo que proporciona la experiencia del acto mayor y definitivo, sin dudar un instante se arrojará a morir, satisfecho con su conducta recta y patriótica. Preséntale ahora, pues, las muchas pegas que podrían desanimarlo, dile: «A tu acción le seguirán con el tiempo el olvido y el poco aprecio de tus desagradecidos paisanos». Te contestará: «Todas esas cosas están al margen de mi acción, soy yo quien me contemplo; sé que esto es honroso, así que lo sigo a cualquier sitio donde me lleve y reclame».

30. Por consiguiente, este es el único bien, que no solo percibe el espíritu perfecto sino también el noble y de buena condición: los demás son triviales, cambiantes, y por eso los poseemos entre preocupaciones; incluso si por un favor de la fortuna se amontonan sobre un hombre solo, descargan su peso enorme sobre sus amos y los agobian sin parar, a veces llegan a aplastarlos. 31. Ninguno de esos que ves revestidos de púrpura es feliz, no más que cualquiera de aquellos a los que en una obra de teatro les toca llevar cetro y manto: en presencia del público desfilan hinchados y sobre coturnos, en cuanto salen se descalzan y vuelven a su estatura de siempre. Ninguno de esos que por sus riquezas y cargos se ven colocados en la cumbre es grande. ¿Por qué entonces uno de esos parece grande? Porque lo mides junto con su pedestal. No es grande un enano aunque se ponga sobre una montaña; un coloso mantendrá su estatura incluso en el fondo de un pozo. 32. Sufrimos este error, así se nos engaña, porque no apreciamos a nadie por lo que es, sino que le agregamos aquellas cosas que le adornan. Pero cuando quieras hacer aprecio verdadero de un hombre y saber cómo es, míralo desnudo, que se despoje del patrimonio, que se despoje de sus cargos y demás embelecos de la fortuna, que incluso del cuerpo se despoje: mira su alma, de qué clase y tamaño es ella, si es grande por cuenta ajena o propia. 33. Si ve relucir las espadas sin apartar la vista y si sabe que le da lo mismo que su alma salga por la boca o por la sajadura de la garganta, llámalo dichoso; si cuando le anuncian tormentos corporales, ya sea que

le sobrevengan por azar o por las arbitrariedades de un poderoso, o le anuncian cárceles y destierros y los terrores vanos de la imaginación humana, escucha tranquilo y dice:

«"Ninguna penalidad,
oh doncella, surge ante mí con cara nueva y desusada;
todo lo he anticipado y en la soledad de mi alma lo he cumplido".

Tú hoy me anuncias esas cosas: yo no he parado de anunciármelas y de disponer a un hombre para lo que a un hombre corresponde».

34. Al que de antemano imagina el daño le llega el golpe mitigado. En cambio, a los necios y adictos a la suerte cualquier aspecto del acontecer les parece nuevo e inesperado; pero gran parte del daño es entre los ignorantes su propia novedad. Para que te des cuenta de esto que digo: las situaciones que creían desagradables, una vez que se acostumbran a ellas, las sobrellevan con mayor entereza. 35. De ahí que el sabio se acostumbre a los males venideros, que aquellos males que otros vuelven soportables gracias a que los sufren durante mucho tiempo el sabio los vuelva soportables gracias a que los imagina durante mucho tiempo. Oímos de vez en cuando las palabras de los ignorantes que nos dicen: «Ya sabía yo que me quedaba por pasar esto». El sabio sabe que le queda por pasar todo; pase lo que pase, dice: «Lo sabía». Adiós.

85

1. He tenido miramientos contigo y he pasado por alto cualquier aspereza que quedara todavía, limitándome a darte algo así

como un aperitivo de las cosas que dicen los nuestros para demostrar que la virtud es lo único capaz de consumar una vida dichosa. Me pides que reúna todos los silogismos, tanto los nuestros propios como los ideados por otros para afrentarnos: si quisiera hacer eso, esto no sería una carta sino un libro. Una y otra vez doy testimonio de mi postura: no me gusta esa clase de argumentos; me da vergüenza presentarme armado con una lezna en una batalla que se libra en favor de dioses y hombres.

2. «Quien es sabio es también moderado; quien es moderado es también constante; quien es constante es también imperturbable; quien es imperturbable vive sin tristeza; quien vive sin tristeza es dichoso; luego el sabio es dichoso y la sabiduría basta para una vida dichosa». 3. A esta argumentación algunos peripatéticos responden diciendo que el imperturbable y el constante y el que vive sin tristeza debe interpretarse no como que ese hombre no se perturba nunca, sino que lo hace raras veces y con mesura. Igualmente dicen que lo de vivir sin tristeza se refiere al que no está sujeto a la tristeza ni incurre con frecuencia o demasiado en tal defecto, pues la naturaleza humana desmiente que el ánimo de nadie sea inmune a la tristeza; el sabio no se dejaría vencer por la pena, aunque le afecte; y luego añaden otras cosas por el estilo de acuerdo con los presupuestos de su escuela. No suprimen las pasiones, sino que las atemperan. 4. ¡Qué poquito damos al sabio si es más valiente que los más cobardes y más alegre que los más tristes y más moderado que los más desenfrenados y más grande que los más bajos! ¿Qué pasaría si un Ladas se ufanara de su velocidad comparándola con la de los cojos y tullidos?

«Ella o volaría por encima del trigal en ciernes
sin tocarlo y al correr no estropearía las tiernas espigas,
o seguiría su camino por el mar entre olas encrespadas,
sin que sus plantas veloces se mojaran en el agua».

Esta es la velocidad que por sí misma goza de aprecio, no aquella otra que se valora en relación con los más lentos. ¿Qué pasaría si llamaras sano a uno que tiene unas fiebrecillas? La buena salud no es lo mismo que la enfermedad leve. 5. Dicen: «Hablamos del sabio imperturbable lo mismo que de frutos "deshuesados", que no es que no tengan ningún hueso duro, sino que tienen uno más pequeño». Esto es falso. Porque en el hombre de bien no entiendo que deba haber una disminución de males sino su ausencia; deben ser inexistentes, no pequeños; porque si hay algunos, crecerán y, de paso, serán un estorbo. Tal como unas cataratas en los ojos, si están ya avanzadas y completas, causan ceguera, igualmente otras leves enturbian la vista. 6. Si endosas algunas pasiones al sabio, la razón no estará a la altura de ellas y se verá arrebatada como por un torrente, especialmente si no le endosas una sola pasión con la que luchar sino todas. Una horda de ellas, aunque sean medianas, puede más que el empuje de una sola grande. 7. Tiene codicia de dinero, pero mediana; tiene ambición, pero no exacerbada; tiene ira, pero fácil de aplacar; tiene inconstancia, pero no muy vacilante y tornadiza; tiene lujuria, pero no furiosa. Mejor le iría a uno que tuviera un vicio completo que no a ese que los tiene leves, sí, pero los tiene todos. 8. Además, no importa lo grande que sea una pasión: comoquiera que sea, no sabe obedecer, no acepta consejos. Al igual que ningún animal obedece a la razón, ni el salvaje, ni el doméstico y manso (pues su naturaleza es sorda a los consejos), así las pasiones, por pequeñitas que sean, no obedecen, no hacen caso. Los tigres y los leones nunca se desprenden de su bestialidad, a veces la achantan, pero cuando menos lo esperas estalla su fiereza mitigada. Los vicios nunca se amansan con totales garantías. 9. Por ello, si la razón gana, las pasiones ni siquiera empiezan; si empiezan en contra de la razón, en contra de ella se mantendrán. Porque es más fácil reprimir su arranque que controlar sus asaltos.

Es falsa, por tanto, e inútil esa medianía, se la ha de tener en la misma consideración que si alguien dijera que hay que estar medianamente loco, medianamente enfermo. 10. Solo la virtud muestra templanza, los males del alma no la admiten; es más fácil eliminarlos que moderarlos. ¿Acaso hay duda de que los vicios de la mente humana, ya viejos y encallecidos, esos que llamamos enfermedades, son irrefrenables, como la avaricia, como la crueldad, como la soberbia? Luego también las pasiones son irrefrenables; de ellas, además, se pasa a aquellos otros vicios. 11. Por ello, si cedes algún derecho a la tristeza, al miedo, al deseo y a los demás impulsos perniciosos, no se mantendrán bajo nuestro dominio. ¿Por qué? Porque están fuera de nosotros los acicates que los irritan; y así crecerán según hallen causas, grandes o pequeñas, que los inciten. Mayor será el miedo si mayor es lo que asusta o se le ve más cerca, más incisivo será el deseo cuanto mayores bienes le prometa la esperanza. 12. Si no está bajo nuestro dominio que haya o no pasiones, menos lo estará el que sean grandes o chicas: si les permites empezar, crecerán a la par que sus propias causas y valdrán tanto cuanto alcancen a ser. Añade ahora que ellas, aunque sean pequeñas, crecen y se exceden; los elementos nocivos nunca mantienen su medida; los primeros síntomas de una enfermedad, por leves que sean, se van colando y a veces un ataque muy pequeño da al traste con el cuerpo enfermo.

13. ¡Pero qué locura creer que tenemos bajo nuestro control el final de algo cuyo comienzo no controlamos! ¿Cómo voy a ser capaz de acabar del todo con aquello que apenas fui capaz de mantener a raya, cuando es más fácil dejar fuera algo que reprimirlo una vez dentro?

14. Algunos hicieron aquí un distingo, como si dijeran: «El hombre templado y juicioso es tranquilo por actitud y hábito de espíritu, no por las circunstancias». En efecto, por actitud de espíritu, no se inquieta, no se contrista ni teme, pero desde fuera

sobrevienen muchas causas que le producen inquietud. 15. Quieren decir algo así: el sabio no es colérico, pero se encoleriza a veces; ciertamente no es timorato, pero siente miedo a veces, esto es, carece de miedo como vicio, no de miedo como sentimiento. Si se le abre paso, con el uso frecuente el temor se volverá vicio, y la ira, admitida ya en el alma, descoserá aquel hábito de un espíritu carente de miedos. 16. Además, si no desprecia las causas que vienen de fuera y teme alguna cosa, cuando tenga que afrontar con valentía dardos e incendios en defensa de la patria, las leyes, la libertad, dudará en acudir y su ánimo se echará atrás. Pero semejantes cambios de actitud no son propios del sabio. 17. Pienso también que hay que procurar no mezclar dos cuestiones que se deben demostrar por separado; en efecto, se deduce por sí solo que el bien es lo mismo que lo honesto y de otra parte por sí solo se deduce que la virtud es suficiente para la vida feliz. Si el bien es lo mismo que lo honesto, todos están de acuerdo en que para vivir feliz basta la virtud; de la otra parte no se admitirá que, si la virtud por sí sola hace dichoso, el bien sea lo mismo que aquello que es honesto. 18. Jenócrates y Espeusipo piensan que, aunque pueda uno llegar a ser feliz únicamente con la virtud, el único bien, sin embargo, no es lo que es honesto. Epicuro también estima que uno es feliz cuando posee la virtud, pero que la virtud en sí no basta para la vida feliz, ya que a uno lo haría feliz el placer que deriva de la virtud, no la virtud como tal. Es un distingo inadecuado, pues él mismo dice que la virtud jamás se da sin el placer. Así que, si siempre va con él y le es inseparable, ella basta también por sí sola, ya que contiene en sí el placer, sin el cual nunca se halla, incluso cuando está sola. 19. Y es absurdo eso que dicen de que alguien será feliz solo con la virtud pero no será feliz por completo; no me explico cómo puede ser eso. Y es que la vida feliz encierra en sí el bien completo, insuperable; y si esto es así, esa vida es completamente feliz. Si nada hay mayor o mejor que la vida de los dioses y la vida feliz es divina, no hay nada que la pueda elevar a mayor grandeza. 20. Además, si la vida feliz no está falta de nada, toda vida feliz es completa y es a la vez feliz y felicísima. ¿Pones en duda acaso que la vida feliz constituya el bien supremo? Por tanto, si posee el bien supremo, es feliz en grado sumo. Al igual que el bien supremo no admite incremento (¿qué habrá por encima de lo supremo?), tampoco lo admite la vida feliz, que no se da sin el bien supremo. Y si invocas alguien «más» feliz, tendrás que invocar otro «mucho más feliz»; introducirás así incontables distinciones en el bien supremo, mientras que yo entiendo por el bien supremo aquel que no admite ningún grado por encima. 21. Si hay alguno menos feliz que otro, se sigue que ese preferiría la vida del otro más feliz a la suya propia; pero el hombre feliz no prefiere nada a la suya. Cualquiera de estas dos cosas es increíble: o que al hombre feliz le quede algo que prefiera ser antes que lo que él es, o que no prefiera una cosa que es mejor que otra. Porque, ciertamente, cuanto más juicioso sea, tanto más se inclinará por lo mejor y deseará adquirirlo de todos modos. Pero ¿cómo es feliz el que todavía puede y hasta debe desear?

22. Te diré cuál es el origen de este error: desconocen que la vida feliz es una sola. Lo que la coloca en la situación mejor es su calidad, no su tamaño; por eso se iguala la vida larga y la breve, la desahogada y la más estrecha, la repartida en muchos lugares y etapas y la centrada en una sola cosa. Quien la valora por el número, la medida y las etapas le arrebata lo que tiene de más destacado. ¿Y qué es lo destacado de una vida feliz? Que es plena. 23. El límite del comer y el beber es, creo yo, hartarse. Este come más, aquel menos: ¿qué importa? Uno y otro quedan hartos. Este bebe más, aquel menos: ¿qué importa? Ninguno de los dos está sediento. Este vivió muchos años, aquel pocos: nada importa si los muchos años hicieron al uno tan feliz como los pocos al otro. Ese que tú llamas menos feliz no es feliz: el vocablo no admite rebaja.

24. «El que es valiente vive sin miedo; el que vive sin miedo vive sin tristeza; el que vive sin tristeza es feliz».

Este razonamiento lo plantean los nuestros. Se intenta refutarlo diciendo que defendemos como evidente la premisa falsa y controvertida de que el valiente vive sin miedo. «¿Cómo es eso?», se apunta, «¿el valiente no temerá un mal que le amenaza de cerca? Eso es propio de alguien loco y enajenado, no de un valiente. El valiente», concluyen, «teme en muy poca medida sin duda, pero no está por completo libre de miedo». 25. Los que dicen eso recaen una y otra vez en el mismo fallo de suplantar las virtudes con vicios veniales; en efecto, el que tiene miedo, aunque sea rara vez y poco, no carece de malicia, sino que se ve aquejado de una más leve. «Así será, pero considero loco al que no se estremece ante males que le amenazan de cerca». Es verdad lo que dices, si es que esos son males; pero si sabe que no son males y solo considera un mal lo deshonesto, deberá mirar con despreocupación los peligros y no hacer caso de lo que para otros es temible. O bien, si es propio del necio y el loco no temer los males, cuanto más juicioso es uno, más miedo tendrá. 26. «Siguiendo vuestra opinión», dirá uno, «el valiente se meterá por su cuenta en peligros». En modo alguno: no los temerá, pero los evitará; le va bien la cautela, no le va bien el miedo. «¿Qué pasa entonces?», continúa, «¿no temerá la muerte, las cárceles, las hogueras y otros dardos de la fortuna?». No, pues sabe que esos no son males sino que lo parecen; considera todas esas cosas como espantajos de la vida humana. 27. Descríbele el cautiverio, los azotes, las cadenas, la penuria y los miembros desgarrados, sea por enfermedad, sea por abuso o cualquier otra cosa que alegues: cuenta todo eso entre los miedos delirantes. Tienen que temerlo los timoratos. ¿O es que consideras malo algo a lo que alguna vez tendremos que acercarnos por propia iniciativa?

28. ¿Quieres saber qué es el mal? Ceder ante aquellas cosas que se llaman malas y entregarles la propia libertad, por la que hay

que sufrirlo todo: se pierde la libertad si no desdeñamos lo que nos impone su yugo. No se pondría en duda qué le conviene al hombre valiente si se supiera qué es la valentía. Porque no es la temeridad irreflexiva, ni el amor a los peligros, ni el ansia de terrores: es la ciencia que permite distinguir qué es malo y qué no. La valentía está muy dispuesta a velar por sí misma y a la vez es muy capaz de soportar aquellas cosas que presentan la apariencia de males. 29. «¿Cómo es eso? Si ya la espada se cierne sobre la cerviz del varón esforzado, si lo alancean sin parar de un lado y otro, si ve sus entrañas en el regazo propio, si le echan mano de rato en rato para que así sienta más sus tormentos y se saca sangre fresca de sus heridas en cuanto se secan, ¿no tendrá miedo? ¿Y hasta dirás que ese hombre no siente dolor?». Desde luego que siente dolor (pues no hay virtud que anule la sensibilidad de un hombre), pero no tiene miedo: contempla desde las alturas, indomable, sus dolores. ¿Quieres saber la actitud que tendrá entonces? La de quien reconforta a un amigo enfermo.

30. «Lo que es malo hace daño; lo que hace daño nos hace peores; el dolor y la pobreza no nos hacen peores; luego no son malos».

«Es falso», se replica, «lo que proponéis, pues no siempre algo que hace daño provoca empeoramiento. Una tempestad huracanada hace daño al timonel, pero no lo hace peor».

31. Algunos estoicos responden a esto diciendo que el timonel se hace peor con la tempestad huracanada porque eventualmente no puede lograr lo que se propone y mantener el rumbo; no se hace peor en su habilidad, se hace peor en su obrar. Y a esto el peripatético replica: «Luego también al sabio lo harán peor la pobreza, el dolor y cualquier otro incidente de ese tipo, pues no le arrebatará su virtud, pero impedirá sus obras». 32. Sería correcto decir eso si no fueran diferentes la condición de timonel y la de sabio. Porque el propósito de este en el desempeño de la vida no

es sin duda hacer bien algo que intenta, sino todo: el propósito del timonel es sin duda llevar la nave a puerto. Las artes son esclavas, deben proporcionar lo que prometen, la sabiduría es dueña y regidora; las artes sirven a la vida, la sabiduría manda sobre ella. 33. Por tanto, creo que hay que contestar de otro modo: ni el arte del timonel empeora con ninguna tempestad ni tampoco el manejo de ese arte. El timonel no te ha prometido la felicidad sino un trabajo útil y su conocimiento de cómo se gobierna una nave; este se deja ver tanto más cuanto mayor sea el impedimento fortuito que lo dificulte. Quien pueda decir «Neptuno, no engullirás esta nave más que derecha» ha cumplido con su arte: la tempestad no impide la obra del timonel sino sus resultados. 34. «Entonces ¿qué?», se dirá, «¿no perjudica al timonel ese contratiempo que le impide llegar a puerto, que hace vanos sus intentos, que o lo hace recular o lo detiene y desarbola?». No le perjudica en cuanto timonel sino en cuanto navegante: en aquel otro sentido él no es timonel. Y no es ya que impida la pericia del timonel, es que la pone de relieve; en efecto, en medio de la calma, como suele decirse, cualquiera es timonel. Esas cosas estorban al navío, no a su piloto en cuanto piloto. 35. El timonel encarna dos personajes, uno compartido con todos los que subieron a la misma nave: también él es un pasajero; otro suyo propio: es el timonel. La tempestad le hace daño como pasajero, no como timonel. 36. Además, el arte del timonel es un bien ajeno: atañe a los que transporta, tal como el del médico atañe a los que cura; el del sabio es un bien común: es propio tanto de aquellos con quienes vive como de sí mismo. Y así el timonel quizá sufre daño porque el servicio que prometió a los otros se ve impedido por la tempestad. 37. El sabio no sufre daño con la pobreza, ni con el dolor, ni con las otras tempestades de la vida. Porque no se ven impedidas todas sus obras sino tan solo las que conciernen a otros: él se mantiene siempre como tal en su actividad y, en los resultados, se hace lo mayor que cabe pensar, justamente cuando la fortuna se le opone, porque entonces es cuando lleva a cabo el quehacer propio de la sabiduría, que hemos dicho que es un bien ajeno y a la vez suyo propio.

38. Además, ni siquiera se le impide ayudar a los otros cuando lo agobian algunas necesidades. Por culpa de la pobreza se le impide enseñar cómo hay que desenvolverse en la política, pero enseña cómo hay que desenvolverse en la pobreza. Su obra se extiende a lo largo de toda la vida. Así, ningún azar, ninguna circunstancia excluye la actividad del sabio; porque hace justamente lo que le impide hacer otras cosas. Se adapta a los dos casos: gobierna lo bueno y supera lo malo. 39. Se ejercita, insisto, de tal modo que revela su virtud tanto en la prosperidad como en la adversidad y no pone sus miras en la materia sino en la virtud misma; por ello no le estorba ni la pobreza, ni el dolor, ni ninguna otra cosa de las que alejan a los inexpertos y los desbarrancan. 40. ¿Crees tú que los males lo abruman? Se vale de ellos. Fidias no solo sabía hacer imágenes con marfil; las hacía con bronce. Si le hubieras dado mármol o cualquier otra materia aún más grosera, habría hecho con ella la mejor imagen posible. Así el sabio desplegará su virtud, si se le permite, en la riqueza y, si no, en la pobreza; si puede, en la patria y, si no, en el destierro; si puede, como general y, si no, como soldado; si puede, entero y, si no, quebrantado. De cualquier situación que le toque en suerte hará algo digno de recordarse. 41. Hay ciertos domesticadores de fieras que hacen que animales muy crueles y espantosos, si te topas con ellos, se sometan a un hombre y, no contentos con despojarlos de su salvajismo, los amansan hasta hacer que vivan en su compañía: el domador mete la mano en las fauces del león, el guardián besa a su tigre, un negro pequeñito ordena a un elefante que se ponga de rodillas y camine por una cuerda. Del mismo modo, el sabio es un experto en la doma de males: el dolor, la po-

breza, la ignominia, la cárcel, el destierro, cosas espantosas en cualquier otro sitio, cuando le llegan a él, son mansas.

87

1. He naufragado antes de embarcarme: cómo ha ocurrido no te lo voy a poner aquí, no vayas a pensar que también hay que incluir esto entre las paradojas estoicas, ninguna de las cuales es falsa ni tan chocante como a primera vista parece, cosa que te demostraré en cuanto quieras y, te digo más, aunque no quieras.

De momento, el viaje me ha enseñado cuántas cosas inútiles tenemos y qué fácilmente podríamos con sensatez prescindir de posesiones que, si alguna vez nos las arrebata la necesidad, ni nos damos cuenta de que nos las arrebató. 2. Con muy pocos criados, los que pudieron caber en un solo carruaje, sin nada salvo lo que llevamos encima del cuerpo, yo y mi querido Máximo llevamos ya dos días que han transcurrido muy felices. El colchón está tirado en el suelo y yo me tiro en ese colchón; de mis dos capas una la he convertido en sábana y la otra en cobertor. 3. El almuerzo no tiene desperdicio; queda listo en no más de una hora, nunca sin higos secos, nunca sin tablillas de escritura. Los higos, si tengo pan, hacen las veces de guiso, si no tengo, hacen las veces de pan. Así, cada jornada es para mí un día de año nuevo, que yo vuelvo próspero y feliz mediante buenos pensamientos y grandeza de ánimo. Y nunca el ánimo llega a ser tan grande como cuando da de lado a los bienes ajenos y se reconcilia consigo mismo al no temer nada y se enriquece él solo al no desear nada. 4. El carruaje donde me han subido es rústico; las mulas confirman que están vivas solo cuando se echan a andar; el mulero va descalzo, y no porque sea verano. A duras penas consigo que no me importe causar la impresión de que semejante vehículo es mío: todavía persiste en mí una vergüenza desviada del bien y, cuando nos cruzamos con alguna comitiva más elegante, me pongo colorado sin querer, prueba de que esos principios que yo apruebo y alabo aún no tienen en mí un arraigo seguro e inamovible. Quien se avergüenza de usar un carruaje barato presumirá de usar uno caro. 5. He avanzado poco todavía: aún no me atrevo a mostrar mi austeridad delante de la gente; sigo teniendo en cuenta la opinión de otros viajeros.

Contra las opiniones de todo el género humano habría que lanzar esta proclama: «Estáis locos, os equivocáis, os pasmáis ante cosas superfluas, no valoráis a nadie por lo que es. Cuando reparáis en el patrimonio, ponéis mucho cuidado en vuestros cálculos y echáis así cuentas de a quién le vais a prestar dinero o hacer un favor (pues también esto lo ponéis en el capítulo de gastos)». 6. Os decís: «Tiene extensas propiedades, pero debe mucho; tiene una casa hermosa, pero adquirida con un préstamo; nadie hace acudir a una primera llamada a unos criados tan elegantes, pero no cancela sus deudas; si pagara a sus acreedores, no le quedaría nada». Lo mismo deberíais hacer en lo demás y examinar cuántos bienes encierra cada cual en sí mismo. 7. A uno lo consideras rico porque su ajuar de oro va con él incluso por los caminos, porque ara campos en todas las provincias, porque maneja un libro enorme donde asienta los réditos mensuales, porque posee tantos campos en las cercanías de Roma que incluso si los tuviera en los eriales de Apulia despertarían envidia: cuando termines de contarlo todo, seguirá pobre. ¿Por qué? Porque debe. «¿Cuánto?», dirás. Todo, salvo que creas que es diferente tomar prestado de un hombre o de la fortuna. 8. ¿Qué importan unas mulas bien cebadas, todas del mismo pelaje? ¿Qué importan esos carruajes tallados? ¿Esas jacas

«de pies alados, enjalmadas con púrpura y tapices variopintos:

cuelgan de su pechera sueltos collares dorados,
recubiertas de oro tascan rubio oro entre los dientes»?

Esas cosas no pueden hacer mejor al dueño ni a su mula. 9. Marco Catón el Censor, que nació para hombre de estado tanto como Escipión (pues el uno hizo la guerra a nuestros enemigos y el otro a nuestras costumbres), se desplazaba en un rocín y por cierto aparejado con unas angarillas para acarrear con él sus aperos. ¡Ay, cómo me gustaría que ahora topara con él alguno de estos petimetres, viajeros ricachones que llevan por delante mensajeros y jinetes númidas y una gran polvareda! Ese parecería sin duda más pulcro y mejor escoltado que Marco Catón, ese que, en medio de todo este aparato exquisito, duda precisamente si ofrecerse para que lo contraten como gladiador o como bestiario. 10. ¡Oh qué gran honor el de aquellos tiempos cuando un general, uno que paseó en desfile triunfal, un antiguo censor y, lo que es más que todo eso, un Catón se conformaba con una sola jaca, y ni siquiera toda entera, pues una parte de ella la ocupaban las angarillas que colgaban a uno y otro costado! Y así, ¿no preferirías ese único caballo almohazado por el propio Catón a todos los gordos percherones y asturcones y trotones?

11. Veo que no habrá un final en este tema salvo el que yo mismo me ponga. Aquí pues no diré nada de semejantes transportes que sin duda el primero que los llamó «la impedimenta» adivinó que vendrían a ser como ahora son. Ahora quiero comunicarte unos poquitos argumentos de nuestra escuela relativos a esa virtud que nosotros defendemos que basta para tener una vida feliz.

12. «Lo bueno hace hombres buenos (pues incluso lo que es bueno en el arte musical crea al músico); los dones del azar no hacen a nadie bueno; luego no son buenos».

Contra esto responden los peripatéticos diciendo que la premisa inicial es falsa. «A partir de algo que es bueno», apuntan, «no se vuelven buenos sin más los hombres; en música hay algunas cosas buenas, como por ejemplo una flauta, unas cuerdas o un instrumento adecuado para tocar, pero nada de eso hace al músico». 13. A esto objetaremos: «No entendéis cómo definimos lo que es bueno en música. Porque no llamamos así a lo que equipa a un músico sino a lo que lo hace tal: tú te refieres al instrumental del arte, no al arte mismo. Pero si hay algo bueno en el propio arte musical, eso sin duda formará al músico». 14. Quiero aclarar esto más todavía. Lo bueno en el arte musical se dice de dos modos, uno según lo que coadyuva a la actuación del músico, otro según lo que coadyuva a su arte: los instrumentos —flautas, órganos y cuerdas— corresponden a la actuación, no al arte como tal. Y es que el artista lo es incluso prescindiendo de esos útiles: a lo más no puede sin ellos ejercer su arte. Esta doblez no se da de igual modo en el hombre, pues uno mismo es el bien del hombre y el de su vida.

15. «Lo que puede caerle en suerte al más despreciable y vil no es bueno; es así que las riquezas le caen en suerte al proxeneta o al maestro de gladiadores; luego no son algo bueno».

«Es falso eso que proponéis», dicen, «porque también en la gramática y en el arte de curar o de pilotar naves vemos que les caen en suerte cosas buenas a los más humildes».

16. Pero esas artes no hacen profesión de nobleza de espíritu, no se elevan a las alturas ni menosprecian los bienes del azar: la virtud enaltece al hombre y lo coloca por encima de los bienes apreciados por el común de los mortales; las cosas que llamamos buenas y las que llamamos malas ni las desea ni las teme. Quelidón, uno de los eunucos de Cleopatra, poseyó un enorme patrimonio. Hace poco Natal, hombre de lengua tan maliciosa como impura, en cuya boca se limpiaban las mujeres el menstruo, heredó a muchos y tuvo a la vez muchos herederos. ¿Qué pasó entonces? ¿El dinero lo hizo impuro o él ensució el dinero?

El dinero cae en poder de algunos como un denario en el albañal. 17. La virtud se afirma por encima de esas cosas; se la juzga por su propio capital; nada de lo que va a parar a cualquier parte lo considera un bien. La medicina y el pilotaje de naves no se prohíben a sí mismos ni a los suyos admirar tales cosas; el que no es hombre bueno puede, no obstante, ser médico, ser piloto, ser profesor, tanto como ser cocinero, vaya que sí. El que tiene la suerte de tener algo que no es cualquier cosa, a ese no lo puedes llamar un cualquiera; cual tu propiedad, tal tu persona. 18. La caja vale tanto como contiene; es más, viene a ser un accesorio de lo que contiene. ¿Quién a una bolsita llena le pone otro precio que el que requiere la cantidad de dinero guardado en ella? Lo mismo les pasa a los dueños de grandes patrimonios: ellos son los accesorios y sumas adicionales de sus posesiones. ¿Por qué entonces el sabio es grande? Porque posee un alma grande. Luego es verdad que no es un bien lo que le cae en suerte al hombre más despreciable.

19. Por eso no consideraré un bien la ausencia de dolor: la tiene la cigarra, la tiene la pulga. Ni siquiera consideraré un bien el descanso y el carecer de molestias: ¿qué hay más descansado que un gusano? ¿Quieres saber qué cosa hace al sabio? La que hace al dios. Conviene que admitas en el sabio algo divino, celestial, grandioso: el bien no cae en poder de cualquiera ni permite que lo posea cualquiera. 20. Mira

«tanto lo que produce cada comarca como lo que no admite:
aquí el grano, allí se da mejor la uva, en otros sitios
el árbol frutal y la grama por su cuenta reverdecen.
¿No ves cómo el Timolo manda perfumes de azafrán,
la India marfil, los delicados sabeos sus inciensos,
mientras que los cálibes desnudos mandan hierro?».

21. Esos productos están distribuidos por comarcas para que los mortales tengan necesidad de comerciar entre sí cuando requieren alguna cosa los unos de los otros. El bien supremo también tiene su propio suelo; no nace donde el marfil, ni donde el hierro. ¿Quieres saber cuál es el sitio del bien supremo? El alma. Si ella no es pura y santa, no atrapa al dios.

22. «El bien no sale del mal; es así que las riquezas proceden de la codicia; luego no son un bien».

«No es verdad», se replica, «que no nazca el bien del mal; de un robo sacrílego sale dinero. Así, sin duda, un robo sacrílego es un mal, pero porque lleva a cabo más males que bienes; en efecto, produce beneficios, pero con miedo, preocupación y tormentos del alma y del cuerpo». 23. Cualquiera que diga eso es necesario que admita que el sacrilegio es malo, porque hace muchas cosas malas, pero también es bueno en parte, porque hace algo bueno: ¿qué monstruosidad mayor que esta cabe imaginar? Aunque ya estemos convencidos de que el sacrilegio, el robo, el adulterio no son bienes a considerar, ¡cuántos no se avergüenzan de sus robos, cuántos presumen de sus adulterios! Porque en relación con los sacrilegios, los veniales se castigan, los graves se pasean en los desfiles triunfales. 24. Añade ahora que el sacrilegio, si en algún aspecto es bueno, también será honroso y se dirá que se ha realizado correctamente, pues la acción honrosa es también correcta, una idea que no cabe en cabeza humana. Luego lo bueno no puede nacer de lo malo. Porque si, como decís, el sacrilegio es malo únicamente porque da lugar a muchos males, si lo dispensas de suplicios y le garantizas seguridad, será del todo bueno. Pero no es así, el mayor suplicio de un crimen está en el crimen mismo. 25. Te equivocas, insisto, si aplazas el castigo hasta que llegue el verdugo o la cárcel: los crímenes sufren castigo en cuanto se cometen, digo mal, cuando se están cometiendo. Así que no nace de lo malo lo bueno, lo mismo que no nace el higo del olivo:

cada criatura responde a su simiente y lo bueno no puede degenerar. Al igual que de lo torpe no nace lo honroso, así tampoco de lo malo nace lo bueno, es claro; porque lo honroso y lo bueno es la misma cosa.

26. Algunos de nuestra escuela argumentan contra esto: «Supongamos que el dinero es un bien venga de donde venga; pese a todo, este dinero no procede de sacrilegio aunque se tome de un sacrilegio. Te lo explico. En una misma vasija se ha puesto oro y una víbora: si sacas el oro de la vasija, no lo habrás sacado porque también en ella haya una víbora; por tanto, te digo, la urna no me proporciona el oro porque contenga la víbora, sino que me proporciona el oro a la vez que contiene la víbora. Del mismo modo, de un sacrilegio surgen ganancias, no porque el sacrilegio sea torpe y criminal, sino porque también encierra ganancias. Lo mismo que en la vasija la víbora es un mal pero no lo es el oro puesto junto a la víbora, en el sacrificio lo malo es el crimen, no las ganancias». 27. No estoy de acuerdo con ellos, pues son dos situaciones de naturaleza muy diferente. En un caso puedo coger el oro sin la víbora, en otro no puedo obtener ganancias sin sacrilegio; estas ganancias no están arrimadas al crimen sino mezcladas con él.

28. «Aquello que nos ocasiona muchos males cuando intentamos lograrlo no es un bien; es así que cuando intentamos lograr riquezas se nos ocasionan muchos males; luego las riquezas no son un bien».

«Vuestra argumentación», se dirá, «tiene dos interpretaciones. La primera: mientras intentamos lograr riquezas, se nos ocasionan muchos males. Pero también se nos ocasionan muchos males cuando intentamos lograr la virtud: uno por cuestiones de estudio hacía un viaje en barco y naufragó, otro cayó prisionero. 29. La segunda interpretación es como sigue: aquello por lo que se nos ocasionan males no es el bien. De esta proposición no se deduce que se nos ocasionen males a causa de las riquezas o los placeres; o bien si se nos ocasionan muchos males a causa de las riquezas, las riquezas no solo no son algo bueno sino malo; pero vosotros solo decís que no son algo bueno. Además», prosigue, «admitís que las riquezas tienen cierta utilidad: las colocáis entre las cosas convenientes. Ahora bien, por la misma razón ni siquiera serán una cosa conveniente, pues por culpa de ella nos sobrevienen muchos inconvenientes». 30. Algunos responden a todo esto: «Os equivocáis al achacar inconvenientes a las riquezas. Ellas no dañan a nadie: o es la propia estupidez la que le daña a uno o es la maldad ajena; ellas son como la espada, que no mata a nadie y se limita a ser un arma en manos del asesino. Así que las riquezas no te dañan si se te hace daño por culpa de las riquezas». 31. Posidonio, según creo yo, argumenta mejor al decir que las riquezas son causa de males, no porque ellas hagan algo, sino porque incitan al que está dispuesto a hacerlo. Porque una es la causa eficiente, que es inevitable que haga daño de manera inmediata, otra la causa precedente. Esta causa precedente es la que las riquezas encierran en sí: envanecen los ánimos, producen soberbia, concitan envidia y enajenan la mente hasta tal punto que el prestigio del dinero nos agrada aunque luego nos pueda hacer daño. 32. Pero conviene que todos los bienes estén exentos de culpa; son puros, no corrompen los ánimos, no los solivian; más bien los elevan y engrandecen, pero sin hinchazón. Las cosas que son buenas invitan a la confianza, las riquezas al atrevimiento; las cosas que son buenas invitan a la grandeza de ánimo, las riquezas a la insolencia. Pero la insolencia no es otra cosa que una apariencia falsa de grandeza. 33. «De ese modo», dice, «las riquezas vienen a ser hasta malas y no se quedan en eso de no ser buenas». Serían un mal si por sí solas perjudicaran, si, como he dicho, encierran en sí la causa eficiente: de momento encierran la causa precedente, una causa que no solo aguijonea los ánimos sino que también los atrae, pues despliegan una imagen del bien verosímil y creíble para todos. 34. La virtud también encierra una causa precedente de envidia, ya que muchos son objeto de envidia por ser sabios y muchos otros por ser justos. Pero esa causa ni la lleva encerrada en sí misma ni se asemeja a la verdad, ya que, por el contrario, la virtud expone ante las almas de los hombres una imagen más semejante a la verdad, que los arrastra a quererla y admirarla.

35. Posidonio dice que hay que argumentar así: «Las cosas que no proporcionan al alma ni grandeza, ni confianza, ni serenidad no son buenas; es así que las riquezas y la salud y cosas así no proporcionan nada parecido; luego no son buenas». Este argumento lo refuerza todavía más de este modo: «Las cosas que no proporcionan al alma ni grandeza, ni confianza, ni serenidad, sino que, al contrario, le producen insolencia, orgullo, arrogancia son malas; es así que los dones del azar nos empujan a ellas; luego no son buenas». 36. «Por esa razón», dice, «esas ni siquiera serán cosas convenientes». Una es la naturaleza de lo conveniente y otra la de lo bueno: lo conveniente es aquello que encierra más utilidad que molestia; lo bueno debe ser puro e inocuo en todos sus aspectos. No es bueno lo que beneficia más sino lo que beneficia sin más. 37. Además lo conveniente atañe también a los animales, a los hombres imperfectos y a los necios. De este modo puede mezclarse con él lo inconveniente, aunque aquí hablamos de lo conveniente considerándolo en su casi totalidad: lo bueno atañe solo al sabio; es preciso que quede intacto.

38. Ten buen ánimo: te queda un solo nudo, pero es como el de Hércules: «De los males no sale el bien; de muchas pobrezas salen las riquezas; luego las riquezas no son un bien».

Este silogismo no lo dan por bueno los nuestros; lo han forjado los peripatéticos y ellos mismos lo resuelven. Y Posidonio dice que este sofisma, tan traído y llevado por todas las escuelas de lógica, lo refuta así Antípatro: 39. «La pobreza no se define por posesión sino por sustracción» (o, como decían los antiguos, «por orfandad»; los griegos dicen κατὰ στέρησιν [por privación]); «no indica lo que tiene alguien sino lo que no tiene». Y así, con muchos vacíos no se puede llenar nada: las riquezas se hacen con muchas cosas, no con muchas carencias. «Entiendes la pobreza», sigue diciendo, «de forma indebida. Y es que pobreza no es aquella que posee pocas cosas, sino la que no posee muchas cosas; por tanto, no se la define por lo que tiene sino por lo que le falta».

40. Expresaría más fácilmente lo que quiero si hubiera en latín una palabra que significara lo mismo que ἀνυπαρξία [ausencia]. Antípatro se la aplica a la pobreza: yo no veo que la pobreza sea otra cosa que la posesión de poco. Ya nos ocuparemos de averiguar, si alguna vez tenemos tiempo, cuál es la esencia de las riquezas y cuál la de la pobreza; pero entonces también tomaremos en consideración si acaso aliviar la pobreza y bajarle los humos a la riqueza no será mejor que pleitear sobre palabras como si ya la cuestión real estuviera juzgada. 41. Supongamos que nos llaman para deliberar en una asamblea: se discute un proyecto de ley para abolir la riqueza. ¿Podríamos convencer o disuadir a sus miembros con semejantes argumentos? ¿Podríamos lograr con ellos que el pueblo romano busque y alabe la pobreza, fundamento y causa de su poderío, y en cambio recele de las riquezas, pensando que las ha encontrado en los vencidos, que de ahí irrumpieron en una ciudad muy santa y moderada las ambiciones, los sobornos y los altercados, que se exhiben con demasiada suntuosidad los despojos de las naciones, que lo que un solo pueblo quitó a todos es más fácil que todos se lo puedan quitar a uno solo? Es mejor aconsejar todo esto y derrotar las pasiones, no definirlas. Si es posible, hablemos con más valentía; si no, con mayor franqueza. Adiós.

95

29. De la misma manera que esos alimentos están entreverados, así surgen de ellos enfermedades nada simples sino embrolladas, cambiantes, multiformes, contra las que también la medicina ha empezado a armarse con muchas peculiaridades, muchas prescripciones.

Lo mismo te digo en relación con la filosofía. Fue en tiempos bastante sencilla entre hombres que cometían faltas de poca monta y que podían remediarse con cuidados leves: contra tan gran trastorno de las costumbres hay ahora que intentarlo todo. ¡Y ojalá así por fin se despeje esta cochambre! 30. No solo enloquecemos en privado sino también en la vida pública. Reprimimos los asesinatos y las matanzas aisladas, pero ¿qué me dices de las guerras y el crimen glorioso de matar a naciones enteras? Ni la codicia ni la crueldad conocen límite. Y esas fechorías cuando las comete cada cual y a escondidas son menos dañinas y monstruosas: se llevan a cabo crueldades a partir de senadoconsultos y plebiscitos, y la comunidad ordena lo que al individuo se le prohíbe. 31. Los crímenes que cometidos a escondidas se pagarían con la pena de muerte los alabamos porque los lleva a cabo alguien revestido con el capote de general. No les da vergüenza a los hombres, la raza más sumisa, disfrutar derramando sangre de unos y otros, hacer guerras y dejar guerras para que los hijos las hagan, cuando incluso los irracionales y los bichos hacen entre ellos las paces. 32. Frente a una locura tan poderosa y ampliamente extendida la filosofía se ha hecho algo complicada y ha asumido tantos recursos como los que han ido ganando esos males contra los que ella se apresta. Era fácil reconvenir a los que se pasaban con el vino o gustaban de alimentos más refinados de la cuenta, no había que hacer demasiada violencia para reintegrar en la vida sobria unos ánimos que se habían apartado muy poco de ella. «Ahora necesitamos manos enérgicas, disciplinada maestría». 33. Se busca el placer en todo. Ningún vicio se mantiene en sus límites: el derroche desemboca rápidamente en avaricia. El olvido de lo honroso nos ha conquistado; nada está feo si nos agrada su resultado. El hombre, algo sagrado para el hombre, recibe muerte por diversión o juego, y si ya era un sacrilegio enseñarle a alguien a encajar golpes y propinarlos, ahora se le saca a escena desnudo e inerme, reduciendo el espectáculo sin más a la muerte de un individuo. 34. Así que en esta depravación de las costumbres se echa de menos algún medio más enérgico de lo habitual para eliminar esos males inveterados: hay que actuar mediante principios a fin de que se arranque de cuajo las persuasivas falsedades que se nos transmiten. Si a esos principios añadimos preceptos, consuelos, exhortaciones, podrán servir de algo: por sí solos son ineficaces. 35. Si queremos tener a los hombres bien sujetos y alejarlos de los males que ahora los dominan, que aprendan qué es lo malo y qué es lo bueno, que sepan que todas las cosas excepto la virtud alteran su ser transformándose ya en algo malo, ya en algo bueno. Al igual que el primer vínculo de la milicia es el compromiso religioso de amar las banderas y hacer de la deserción un tabú (a partir de ahí es ya fácil exigir y ordenar todo lo demás a quienes han prestado tal juramento), así en aquellos que quieres conducir a la vida dichosa hay que echar primero los cimientos e inculcar la virtud. Que ante ella se sientan dominados por una especie de temor supersticioso, que la amen; que, estando ella, quieran vivir y sin ella no lo quieran.

36. «Pero ¿qué? ¿Es que algunos no llegaron a ser buenos y lograron grandes avances sin una formación exquisita, limitándose a seguir meros preceptos?». Lo admito, pero tuvieron un carácter bueno que tomó de paso lo saludable. Porque, así como los dioses inmortales no han aprendido en absoluto la virtud, pues han nacido con toda ella y es parte de su naturaleza ser buenos, algunos hombres, dueños de una naturaleza sobresaliente, llegan sin un

largo magisterio a nociones que normalmente suelen enseñarse y abrazan conductas honradas en cuanto oyen hablar de ellas; de ahí surgen esos caracteres tan ladrones de virtud y por sí solos tan fecundos en ella. En cambio a los embotados y romos, o que están dominados por la mala costumbre, hay que fregarles durante mucho tiempo la herrumbre que llevan pegada a sus almas. 37. Por otra parte, así como a esos inclinados al bien los lleva más rápido a la cumbre, también a los otros más débiles los ayudará y los sacará de sus opiniones erradas quien les transmita los dictámenes de la filosofía; puedes ver por lo siguiente lo necesarios que son. Hay en nosotros algunos elementos que nos hacen remisos para unas cosas y atrevidos para otras; ni esta audacia puede reprimirse ni puede espabilarse aquella dejadez si no se eliminan sus causas, la falsa admiración y el falso miedo. Mientras estas cosas lo dominen, aunque a ese le digas «debes dar tanto a tu padre, tanto a tus hijos, tanto a tus amigos, tanto a tus huéspedes», la avaricia frenará sus intentos. Sabrá que tiene que luchar por la patria, pero lo disuadirá el miedo; sabrá que tiene que derramar por los amigos hasta la última gota de sudor, pero la buena vida se lo impedirá; sabrá que para una esposa una querida es el peor de los agravios, pero la lascivia le empujará a no hacer caso. 38. Así que de nada aprovechará impartir preceptos si antes no remueves los obstáculos de tales preceptos, tal como no aprovecha de nada tener las armas a la vista y colocarlas cerca si no hay manos capaces de manejarlas. Para que el ánimo pueda acudir a los preceptos que le damos, hay que desatarlo. 39. Supongamos que alguien hace lo conveniente: no lo hará de forma continuada, ni lo hará del mismo modo, pues no sabe por qué lo hace. Algunas acciones, sea por casualidad o en razón de la práctica, le saldrán bien, pero no tendrá en sus manos la regla con la que las trace y en la que confíe para saber que sale derecho lo que hace. No dará garantías de ser así siempre quien por casualidad es bueno.

40. Además, esos preceptos harán que uno obre lo conveniente, no harán que obre como conviene; si no te dan esto, no te conducirán a la virtud. Alguien hará lo conveniente si se le aconseja, lo admito, pero eso es poco, porque el mérito no está en hacerlo sino en cómo se haga. 41. ¿Qué hay más desastroso que un banquete espléndido y capaz de liquidar el patrimonio de un caballero? ¿Qué cosa hay tan merecedora de una amonestación escrita del censor como el que alguien, además, se lo dedique, como dicen estos derrochones, a sí mismo y a su propio gusto? Pese a todo, cenas en la toma de posesión de un cargo les han costado a varones muy ahorrativos hasta un millón de sestercios. Lo mismo, si se hace por glotonería, se considera deshonroso, si se hace por prestigio, queda libre de críticas, pues no es un derroche sino un obligado gasto ocasional. 42. Cuando Tiberio César ordenó llevar al mercado y poner en venta un salmonete de gran tamaño que le habían regalado —¿por qué no añadir el peso y excitar la glotonería de algunos? Cuatro libras y media de peso contaban que tenía—, dijo: «Amigos, o mucho me equivoco o este salmonete lo comprará Apicio o Publio Octavio». Su pronóstico se quedó corto: hubo una subasta, ganó Octavio, que consiguió entre los suyos un gran prestigio, pues había comprado por cinco mil sestercios un pez que el César había vendido y ni siquiera Apicio había podido comprar. Pagar tanto dinero fue deshonroso para Octavio, no para aquel que lo compró con la intención de mandárselo a Tiberio, aunque también a ese lo criticaría yo: sobrevaloró algo que él creía que estaba a la altura del César. 43. Alguien asiste a un amigo enfermo: lo aprobamos. Ahora bien, lo hace con intenciones de heredar: es un buitre, acecha al cadáver. Una misma cosa resulta fea u honrosa: importa por qué o cómo se hace. Pero todo se hará honrosamente si nos comprometemos con lo honroso y juzgamos que ello y lo que de ello deriva constituye el único bien en las cosas humanas; las demás cosas son bue-

nas de momento. 44. Luego debe inculcarse un convencimiento que abarque la vida entera: a tal cosa llamo «decreto». Tal como sea ese convencimiento, así será lo que se haga, lo que se piense; y tal como sean estas otras cosas, así será la vida. Ir convenciendo en casos muy particulares es poco para quien organiza la totalidad. 45. Marco Bruto, en el libro que tituló περὶ καθήκοντος [Sobre el deber], ofrece muchos preceptos a los padres y a los hijos y a los hermanos: nadie cumplirá estas normas como debe si no tiene con qué relacionarlas. Conviene que propongamos un fin del bien supremo para afanarnos hacia él, para que toda obra o palabra nuestra hacia él se encamine; hay que dirigir el rumbo, como los navegantes, hacia alguna estrella.

46. Una vida sin propósito es errabunda; y si hay que trazar un propósito, los principios empiezan a ser necesarios. Admitirás seguramente que no hay nada más feo que alguien dubitativo, desorientado y que echa sus pasos atrás cobardemente. Eso nos pasará en todas las situaciones si no removemos los obstáculos que atan las mentes, las frenan y les impiden por entero avanzar e intentar algo. 47. Es costumbre prescribir cómo hay que rendir culto a los dioses. Prohibamos a alguien encender una lamparilla cada sábado, porque ni los dioses necesitan lumbre y ni siquiera los hombres disfrutan con la tizne. Vetemos que se practique la salutación mañanera y plantarse en los atrios de los templos: es la humana ambición la que se granjea uno con estos cumplidos, a un dios le rinde culto el que lo conoce. Vetemos llevarle toallas y raederas a Júpiter o sostenerle el espejo a Juno: un dios no necesita sirvientes. ¡Y cómo no va a ser así!, si él precisamente sirve al género humano, está a disposición en todo lugar y para todos. 48. Aunque oiga qué límites debe guardar en los sacrificios, qué salto tan grande tiene que dar para alejarse de enfadosas supersticiones, nunca progresará lo bastante si no concibe en su mente cómo tiene que ser un dios: alguien que posee todo, que otorga

todo, que beneficia de balde. 49. ¿Cuál es la causa de que los dioses sean benéficos? Su naturaleza. Se equivoca quien acaso piense que ellos no quieren hacer daño: es que no pueden. No pueden sufrir perjuicio ni causarlo, pues dañar y ser dañado son cosas que van juntas. Su naturaleza, que es la más alta y hermosa de todas, al dejarlos exentos de peligro, ha hecho que a su vez no sean peligrosos. 50. Lo primero en el culto de los dioses es creer en los dioses; luego, reconocer su grandeza, reconocer su bondad, sin la que no hay tampoco grandeza alguna; saber que son ellos los que gobiernan el mundo, los que regulan todas las cosas con su poder, los que ejercen su tutela sobre el género humano olvidándose alguna que otra vez de alguien en particular. Ellos ni asignan lo malo ni lo poseen; pero castigan a algunos y los reprimen y les imponen penas y en ocasiones los sancionan con bienes aparentes. ¿Quieres ganarte a los dioses? Sé bueno. Les rinde culto suficiente cualquiera que los imita.

51. He aquí otra cuestión: cómo hay que usar a los hombres. ¿Qué hacemos? ¿Qué preceptos damos? ¿Que nos abstengamos de derramar sangre humana? ¡Qué poquito es no hacer daño a quien deberías favorecer! ¡Vamos, que es gran mérito si un hombre es manso con otro hombre! ¿Prescribiremos que le eche una mano al náufrago, que le muestre el camino al extraviado, que comparta su pan con el hambriento? ¿Por qué razón le tendré que decir cada cosa que hay que hacer o evitar, cuando podría transmitirle brevemente la regla básica del deber humano: 52. «Todo esto que ves, en donde están encerradas las cosas divinas y humanas, forma una unidad, somos miembros de un gran cuerpo»? La naturaleza nos ha hecho parientes al engendrarnos a partir de lo mismo y destinados a lo mismo; ella nos ha insertado el amor mutuo y nos ha hecho sociables. Ella estableció lo equitativo y lo justo; a causa de su ordenamiento resulta más lamentable hacer daño que recibirlo; a causa de su mandato nuestras manos están

predispuestas a ayudar. 53. Que así en tu corazón como en tu boca esté el verso: «hombre soy, de lo humano ninguna cosa la considero ajena a mí». Tengamos todo en común, en común hemos nacido. Nuestra sociedad es muy parecida a una bóveda de piedras que caería si no se opusieran unas a otras y que se sostiene justamente por eso.

54. Después de los dioses y los hombres, veamos cómo hay que usar de las cosas. Lanzaremos preceptos en el vacío si previamente no establecemos qué opinión debemos tener de cada cosa, de la pobreza y la riqueza, del buen nombre y la ignominia, de la patria y el destierro. Valoremos cada cosa dejando aparte su prestigio, indaguemos qué son, no qué se dice de ellas.

55. Pasemos a las virtudes. Prescribirá alguno que apreciemos en mucho la cordura, que abracemos la fortaleza, que, si es posible, interioricemos la justicia más que ninguna otra; pero nada logrará ese si desconocemos qué es la virtud, si es una sola o muchas, si van separadas o unidas, si el que tiene una tiene también las demás, en qué se diferencian. 56. El herrero no necesita investigar sobre la fragua, cuáles son sus orígenes, cuál su utilidad, ni tampoco el bailarín tiene que hacer lo propio sobre el arte de la danza: todas esas artes saben de sí mismas y nada más, pues no atañen a la vida entera. La virtud es el conocimiento de las otras cosas y de ella también; hay que aprender sobre ella a fin de aprenderla a ella misma. 57. No habrá obra recta si no hay voluntad recta, pues de esta deriva la obra. A su vez no habrá voluntad recta si no hay una disposición de ánimo recta, pues de tal disposición proviene la voluntad. Ahora bien, la disposición de ánimo no se dará en el hombre excelente si no asimila las leyes de la vida entera y determina qué hay que pensar de cada cosa, si no adapta la realidad a la verdad. La tranquilidad solo les cae en suerte a quienes han logrado un criterio firme y seguro: los demás se abaten y al punto se reaniman, vacilan sucesivamente entre renuncias

y deseos. 58. ¿Cuál es la causa de estos vaivenes? Que nada está claro para quienes se valen del criterio más inseguro: la opinión común. Si quieres querer siempre lo mismo, tienes que querer lo auténtico. A lo auténtico no se llega sin unos principios: ellos abarcan la vida entera. Lo bueno y lo malo, lo honesto y lo vergonzoso, lo justo y lo injusto, lo piadoso y lo impío, las virtudes y la práctica de las virtudes, la posesión de bienes, la estima y la dignidad, la salud, las fuerzas, la belleza, la agudeza de los sentidos, todas esas cosas requieren un tasador. Tiene que ser posible valorar cada cosa que incluyas en tu patrimonio. 59. Porque te equivocarías y considerarías ciertas cosas más valiosas de lo que son, y por tanto te equivocarías de manera que haya que valorar en un sestercio las cosas que más apreciamos, las riquezas, la popularidad, el poder. Desconocerás eso si no te adentras y ves la estructura de dependencia mutua que les permite a estas cosas ser valoradas. Al igual que las hojas no pueden verdear por sí solas sino que requieren una rama a la que pegarse, de la que extraigan su jugo, así esos preceptos, si van solos, se marchitan; requieren que se injerten en un sistema.

60. Además, quienes eliminan los principios no entienden que al hacer eso están reforzando aquello mismo que eliminan. Pues ¿qué dicen ellos? Que la vida se desenvuelve plenamente mediante preceptos, que los principios están de más. Pero esa misma afirmación es un principio, tal como también, vaya que sí, si yo dijera que hay que dar de lado a los preceptos por inútiles y manejar principios, que solo hay que prestar atención a estos últimos, al decir precisamente que hay que despreocuparse de los preceptos, estaría ya dando un precepto. 61. Algunas cosas en la filosofía requieren una advertencia, otras requieren una demostración, y extensa sin duda, puesto que están enredadas y apenas con esfuerzo grande y extrema agudeza se desvelan. Si las demostraciones son necesarias, también son necesarios los principios que deducen la

verdad mediante argumentos. Hay cosas claras, hay cosas oscuras: son claras las cosas que los sentidos y la memoria abarcan; son oscuras las que quedan fuera de ahí. Pero la razón no se rellena con lo evidente: su parte mayor y más hermosa reside en lo arcano. Lo arcano requiere demostración, la demostración no se da sin unos principios; luego los principios son necesarios. 62. Lo que proporciona sentido común, eso mismo proporciona un sentido consumado, y eso es el convencimiento seguro de algo; si todas las cosas sin él fluctúan dentro de nuestra mente, son necesarios los principios que otorgan a las mentes un criterio inflexible. 63. En fin, cuando aconsejamos a alguien que tenga al amigo en la misma consideración que a sí mismo se tiene, y que piense del enemigo que algún día podrá ser su amigo, que avive su amor al primero y modere su odio al segundo, añadimos: «es justo, es honroso». Es así que la fundamentación de nuestros principios contiene en sí lo justo y lo honroso; luego esta, sin la que tampoco se dan los otros, es necesaria.

118

1. Me exiges cartas más frecuentes. Echemos cuentas: no podrás pagar tu deuda. Habíamos convenido en que empezaras tú: tú escribirías y yo contestaría. Pero no me haré el duro: sé que te puedo fiar. Así que voy a darte un adelanto y no haré como Cicerón, personaje elocuentísimo, que le pedía a Ático que, «aunque no tuviera nada que contar, le escribiera lo que le viniera a la boca». 2. No puede faltarme algo que escribir, y eso dejando aparte todas aquellas cosas que atiborran las cartas de Cicerón: qué candidato está en apuros; quién compite con recursos ajenos y quién con los suyos propios; quién aspira al consulado con el apoyo de César, quién con el de Pompeyo, quién con el de su caja

fuerte; qué prestamista tan duro es Cecilio, a quien sus allegados no le pueden sacar ni un cuarto a menos de un uno por ciento mensual. Es mejor ocuparse de las propias maldades que de las ajenas, tantearse, ver para cuántas cosas se presenta uno como candidato y no votarse. 3. Mi querido Lucilio, lo noble, lo seguro, lo libre es no aspirar a nada y dejar pasar todas las asambleas electorales de la fortuna. ¿Qué gustoso no crees tú que será, una vez convocadas las tribus, cuando los candidatos están encaramados en sus tribunas y uno promete dineros, otro ya hizo el depósito, un tercero desgasta a besos la mano de quienes tras su elección no querría ni tocarla, cuando todos pasmados aguardan la voz del pregonero, estar sin hacer nada y contemplar esa plaza de abastos sin comprar ni vender ninguna cosa? 4. ¡Cuánto mayor disfrute saca aquel que no mira indiferente las asambleas para elegir pretores y censores, sino aquellas otras trascendentales en las que unos solicitan cargos anuales, otros poderes perpetuos, otros campañas victoriosas y desfiles triunfales, otros riquezas, otros matrimonios e hijos, otros su salud y la de los suyos! ¡Qué grandeza de ánimo supone ser el único en no solicitar nada, en no suplicar a nadie, en decirle a la fortuna: «Nada tengo que ver contigo; no me pongo a tu disposición. Sé que contigo los Catones son repudiados y salen elegidos los Vatinios. No te pido nada»! Esto es hacer de la fortuna tu vasalla.

5. Se nos permite por tanto escribirnos estas cosas el uno al otro e ir desarrollando estos temas siempre inacabados para quienes contemplan alrededor tantos millares de hombres desasosegados, que para conseguir alguna cosa nociva luchan por llegar a lo malo a través de lo malo y buscan lo que al punto tienen que rechazar o incluso desdeñar. 6. ¿Para quién, una vez logrado, fue suficiente lo que creía excesivo cuando lo deseaba? La felicidad no es ansiosa, como cree la gente, sino melindrosa; por eso a nadie satisface. Tú consideras extraordinarias esas cosas porque estás ahí

tirado, muy lejos de ellas; para el que las ha alcanzado son poco valiosas. Mentiría si dijera que no sigue intentando subir más arriba: esa que tú consideras la cúspide es un escalón. 7. A todos maltrata el desconocimiento de la verdad. Corren hacia aparentes bienes engañados por las habladurías, luego, una vez que los consiguen, tras mucho padecer, ven que son malos o vanos o menos importantes de lo que esperaban; la mayor parte admira lo que visto desde lejos engaña, y para el vulgo lo bueno equivale a lo grande.

8. Para que esto no nos pase también a nosotros, indaguemos qué es el bien. Se le ha interpretado de varias maneras, unos afirman una cosa y otros otra. Algunos lo definen así: «El bien es lo que incita al alma, lo que la llama hacia sí». A esto se replica al instante: ¿qué ocurre si la incita, pero a su perdición? Ya sabes cuántas cosas malas son halagüeñas. La verdad y lo verosímil difieren entre sí. De este modo, lo que es bueno va unido a la verdad, pues no es bueno si no es verdadero. Por el contrario, lo que llama hacia sí y seduce es verosímil: se insinúa, soliviantа, arrastra. 9. Otros dan la siguiente definición: «Bueno es lo que mueve a apetecerlo, o lo que suscita el impulso del alma que tiende a ello». A esto se replica lo mismo, toda vez que mueven el empuje del alma muchas cosas que acaso se desean para perjuicio del deseante. Es mejor la definición de aquellos otros: «Bueno es lo que suscita el empuje del alma hacia sí según la naturaleza y a la postre debe desearse cuando ya es deseable». Ahora también es algo honesto, pues ello es completamente deseable. 10. Este punto me invita a explicar qué diferencia hay entre lo bueno y lo honesto. En cierto aspecto se entremezclan y son inseparables: no puede haber un bien sin cierta presencia de lo honesto, y lo honesto es de todas todas un bien. ¿Qué diferencia hay entonces entre lo uno y lo otro? Lo honesto es el bien completo, con el que se consuma la felicidad, por cuyo contacto llegan a ser buenas las otras

cosas. 11. Es así lo que te estoy diciendo: hay ciertas cosas ni buenas ni malas, como la milicia, el gobierno provincial, la judicatura. Cuando se desempeñan honradamente estas funciones, resultan ser buenas, de dudosas pasan a ser buenas. Lo bueno resulta serlo al asociarse con lo honesto, lo honesto es bueno por sí solo; lo bueno dimana de lo honesto, lo honesto depende de sí mismo. Lo que es bueno pudo ser malo; lo que es honrado no pudo ser más que bueno.

12. Emitieron algunos esta otra definición: «El bien es aquello que es acorde con la naturaleza». Atiende a esto que voy a decir: aquello que es bueno es acorde con la naturaleza, no aquello que es acorde con la naturaleza viene sin más a ser bueno. Muchas cosas están sin duda de acuerdo con la naturaleza, pero son tan triviales que no les corresponde el nombre de bien, pues son insignificantes, despreciables. Ningún bien por pequeño que sea es despreciable; en efecto, mientras se mantenga pequeño no es un bien: si da en ser un bien, ya no es pequeño. ¿Cómo se reconoce el bien? Si por completo es acorde con la naturaleza. 13. «Admites», dirás, «que aquello que es bueno lo es de acuerdo con la naturaleza; esta es su peculiaridad. Admites que además hay otras cosas que son acordes con la naturaleza pero no son buenas. ¿Cómo entonces aquello primero es bueno y estas otras cosas no lo son? ¿Cómo se altera su peculiaridad a pesar de que ambas partes tienen como principal elemento común el ser acordes con la naturaleza?». 14. A causa de su tamaño, evidentemente. No es ninguna novedad que algunas cosas cambian cuando crecen. Fue niño de pecho y se ha convertido en un adolescente: su propiedad es ya otra, pues el primero no tiene uso de razón y el segundo sí. Algunas cosas al crecer no solo se hacen mayores sino también diferentes. 15. «No llega a ser algo diferente lo que se hace mayor», se replicará. «Ya llenes de vino una botella o un tonel, no hay diferencia: en ambos se mantiene la peculiaridad del vino.

Tampoco una pequeña medida de miel y otra grande tienen sabores diferentes». Pones ejemplos que no cuadran, pues en esas sustancias se da una misma cualidad; aunque aumenten, la conservan. 16. Algunas cosas, al agrandarse, se mantienen dentro de su clase y peculiaridad propias; a otras, tras muchos incrementos, el último añadido acaba por cambiarlas imprimiéndoles una condición nueva para ellas y diferente de aquella en la que antes estaban. Una única piedra remata la bóveda, la que hace de cuña sobre los flancos alabeados y los mantiene sujetos al encajar en ellos. Ese último añadido en lo alto ¿por qué hace mucho a pesar de ser pequeño? Porque no incrementa sino que completa. 17. Algunas otras cosas en este proceso se despojan de su forma primera y pasan a tomar otra. Cuando la mente estira algo demasiado tiempo y se cansa ya de seguir agrandándolo, empezamos a hablar de algo infinito; eso se ha convertido en algo muy diferente de lo que era cuando parecía grande pero finito. Del mismo modo nos es difícil imaginar que algo se va dividiendo: al final la dificultad se hace mayor y hallamos que es indivisible. Así, a partir de lo que a duras penas y con dificultad se movía desembocamos en lo inmóvil. Por idéntico procedimiento algo era acorde con la naturaleza: su propia grandeza lo cambió a otra propiedad y lo hizo bueno. Adiós.

119

1. Siempre que hago algún hallazgo, no espero hasta que me digas «hay que compartirlo», yo mismo me lo digo. ¿Quieres saber lo que he hallado? Abre el bolsillo, es pura ganancia. Te voy a enseñar cómo puedes hacerte rico muy rápidamente. ¡Con qué ganas te dispones ya a oírme! Y no sin razón: te voy a llevar por un atajo hacia las más grandes riquezas. Sin embargo, te hará falta un prestamista; para hacer aquí negocio, conviene que te en-

deudes, pero no quiero que tomes prestado a través de un intermediario, no quiero que los contratistas aireen tu nombre. 2. Te proporcionaré un prestamista apañado, como aquel de Catón: tomarás prestado de tu propio capital. Por pequeñita que sea, será suficiente si, cualquier cantidad que necesitemos, nos la pedimos a nosotros mismos. Porque para mí, querido Lucilio, no hay diferencia entre el no desear y el tener. Lo esencial es igual en ambos casos: no te atormentarás. Y no te estoy ordenando que le niegues algo a la naturaleza —es obstinada, no puede doblegarse, exige lo suyo—, sino que sepas que todo lo que sobrepasa a la naturaleza es provisorio, no necesario. 3. Tengo hambre: hay que comer. Si para el caso el pan es basto o candeal, eso a la naturaleza no le importa nada: ella no quiere que el vientre disfrute sino que se llene. Tengo sed: si el agua es una que cojo de la charca más cercana u otra que rodeo de mucha nieve para que adquiera una frialdad impropia, eso a la naturaleza no le importa nada. Ella lo único que exige es que la sed se apague; si se hace en copa de oro, o de cristal o de piedra *murra,* en taza de Tíbur o en el hueco de la mano, no le importa nada. 4. Repara en la finalidad de todas las cosas y prescindirás de lo superfluo. El hambre me llama: echaré mano de lo que tengo más cerca. La propia hambre dará valor a cualquier cosa que tome; el hambriento no desprecia nada. 5. ¿Quieres conocer, pues, algo que me ha gustado? Me parece estupendo el dicho: «El sabio es un empeñoso buscador de las riquezas naturales». «Me regalas un plato vacío», dirás. «¿Qué es esto? Yo ya tenía preparados los sacos; andaba mirando en qué mares me engolfaría para hacer negocio, qué contratos públicos lograría, que productos mandaría traer. Es engañar eso de enseñar pobreza después de haber prometido riquezas». ¿Así que tú consideras pobre a quien nada le falta? «No, pero ello lo debe a sí mismo o a su resignación, no a la fortuna». ¿Conque no lo consideras rico cuando en realidad sus riquezas no pueden abandonarlo?

6. Una de dos, ¿quieres tener mucho o lo suficiente? Quien mucho tiene más desea, lo que es prueba de que todavía no tiene lo suficiente; quien tiene lo suficiente ha conseguido lo que jamás le sucede al rico, un final. ¿O crees que las suyas no son riquezas precisamente porque nadie fue proscrito por culpa de ellas?, ¿porque ni un hijo ni una esposa propinaron veneno a nadie por culpa de ellas?, ¿porque en la guerra están seguras?, ¿porque en la paz dan sosiego?, ¿porque ni es peligroso poseerlas ni trabajoso administrarlas?

7. «Pero tiene poco quien se limita a no pasar frío, hambre, sed». Más no posee Júpiter. Nunca es poco lo que basta, y nunca es demasiado lo que no basta. Tras sus campañas contra Darío y los indios Alejandro sigue siendo pobre. ¿Miento? Busca algo más de que apropiarse, explora mares desconocidos, lanza flotas nunca vistas al Océano y, por así decirlo, rompe los mismísimos cerrojos del mundo. Lo que le basta a la naturaleza no le basta a un hombre. 8. Aquí damos con uno que deseaba algo más después de tenerlo todo: tan grande es la ceguera de las mentes y tan grande el olvido en que cada uno deja los propios orígenes cuando ha progresado. Aquel, hace poco señor no sin disputas de un rincón desconocido, una vez que alcanza los confines de la tierra, se entristece porque tiene que regresar a través del globo que ha hecho suyo. 9. A nadie lo hace rico su dinero, es justo al contrario, no hay nadie a quien no le provoque más ganas de poseerlo. ¿Quieres saber la razón de esto? Al que tiene más se le abre la posibilidad de tener más todavía. En suma, puedes ponerme aquí delante a quienquiera de esos cuyos títulos se cuentan entre los de Craso y Licino; que traiga el inventario de sus bienes y calcule a la vez todo lo que tiene y todo lo que espera tener: ese, si te fías de mí, es pobre, si de ti, puede serlo. 10. En cambio aquel que se adapta a lo que le exige la naturaleza no solo está libre de sentir la pobreza sino incluso de temerla. Pero para que sepas lo difícil que es

ceñir las posesiones propias a los límites de la naturaleza, también ese que hemos despojado de todo, al que tú llamas pobre, tiene alguna cosa superflua. 11. Y es que, claro, las riquezas ciegan a la gente y llaman su atención, cuando acaso se saca de una casa mucho dinero en efectivo, cuando hasta sus techos se embadurnan con oro a mansalva, cuando su servidumbre ostenta cuerpos escogidos o llamativos atavíos. La felicidad de todos estos está dirigida al público: ese que nosotros hemos salvado del vulgo y la fortuna es dichoso por dentro. 12. Pues por lo que hace a esos entre los cuales una pobreza azacaneada toma en falso el nombre de riqueza tienen sus riquezas tal como cuando alguien dice que tenemos fiebre, siendo así que es ella la que nos tiene a nosotros. Pero también solemos decirlo al revés, «la fiebre se ha apoderado de fulano», y del mismo modo habría que decir «las riquezas se han apoderado de fulano».

Así que ningún otro consejo tengo mayor interés en darte que ese que nunca se da lo bastante: que valores todas las cosas según los deseos naturales, que se satisfacen de balde o con poco; al menos no mezcles vicios con deseos. 13. ¿Quieres saber en qué clase de mesa, con qué platería, por cuáles criados bien parejos y lampiños se debe servir la comida? La naturaleza no requiere otra cosa que la comida y nada más.

«¿Acaso cuando la sed requema tu garganta, exiges vasos de oro? ¿Acaso cuando tienes hambre todo te da asco menos el pavo y el rodaballo?».

14. El hambre no es pretenciosa, se contenta con que se quite; con qué se quite a ella no le preocupa demasiado. Esos son tormentos propios de un aciago exceso, que incluso después de hartarse busca el modo de tener hambre, el modo no de llenar el vientre sino de atiborrarlo, el modo de reanimar una sed ya cal-

mada con el primer trago. Muy bien dice Horacio que nada afecta a la sed en qué copa o con qué elegante mano se sirva la bebida. Porque si crees que te afecta a ti cómo lleva su melena el esclavillo y lo transparente que sea la copa que te ofrece, es que no tienes sed. 15. Entre otras cosas lo principal que nos ha otorgado la naturaleza es eso, que le ha quitado remilgos a la necesidad. Las cosas superfluas permiten elección: «Esto es poco propio, aquello es poco elegante, lo de más allá ofende a mi vista». El fundador del mundo, que trazó las leyes de nuestra existencia, actuó de modo que sigamos enteros y vivos, no que seamos melindrosos: todo está dispuesto y a la mano con miras a nuestra integridad; para las exquisiteces todo hay que disponerlo entre miserias y preocupaciones. 16. Así que aprovechemos este favor de la naturaleza, que hay que contarlo entre los grandes, y pensemos que con ninguna otra obra suya ha contraído ella más méritos ante nosotros que al permitir que cada cosa que se desea por necesidad la tomemos sin remilgos. Adiós.

120

1. Tu carta merodeaba en torno a otras muchas cuestiones menores pero se detenía especialmente en una, echando de menos que se resolviera: cómo nos llega el conocimiento de lo bueno y honesto. Estos dos conceptos, según las otras escuelas, se diferencian, los de la nuestra se limitan a tratarlos por separado. 2. Explico lo que acabo de decir. Creen algunos que lo bueno equivale a lo que es provechoso. En consecuencia, dan el nombre de bueno a las riquezas, a un caballo, al vino, a un zapato: ¡tanta importancia le dan ellos a la utilidad de un bien y hasta tales suciedades lo rebajan! Creen que lo honesto es aquello que se basa en el recto cumplimiento de un deber, por ejemplo, cuidar con cariño de un

padre anciano, ayudar a un amigo pobre, salir a guerrear con valentía, opinar con discreción y mesura. 3. Nosotros separamos estos dos conceptos, pero a partir de una realidad única. Ninguna cosa es buena salvo la que a la vez es honesta; la que es honesta es desde luego buena. Creo inútil añadir qué diferencia hay entre ellas, pues lo he explicado muchas veces. Lo único que explicaré es que ninguna cosa nos parece buena, si alguien puede usarla de mala manera; y ya ves cuánta gente usa de mala manera las riquezas, la nobleza, las fuerzas físicas.

Así que vuelvo ahora al tema que deseas que trate: cómo nos llega el conocimiento de lo bueno y honesto. 4. La naturaleza no pudo enseñárnoslo: ha puesto en nosotros las simientes del saber, no nos ha dado el saber. Algunos dicen que topamos con esas nociones, pero es increíble que la idea de virtud le llegue a alguien por casualidad. A nosotros los estoicos nos parece que al observar y comparar entre sí acciones realizadas a menudo se va conformando la idea; los de nuestra escuela consideran que se llega al conocimiento de lo bueno y lo honesto por analogía. Esta palabra, una vez que los gramáticos latinos le han otorgado carta de ciudadanía, creo yo que no hay que condenarla, pero sí que mandarla de vuelta a su patria. Así que la voy a usar no tanto porque esté admitida sino porque está en uso. Diré en qué consiste esta analogía. 5. Conocíamos ya la salud del cuerpo: a partir de ella hemos pensado que había también una salud del alma. Conocíamos ya las fuerzas del cuerpo: de ahí dedujimos que había también una fortaleza del alma. Nos dejaron pasmados ciertas acciones buenas, ciertas acciones humanitarias, ciertas acciones valerosas: dimos en admirarlas como acciones perfectas. Se juntaron a ellas muchos vicios que quedaban ocultos bajo las apariencias y el brillo de alguna acción sobresaliente: no queríamos oír hablar de ellos. La naturaleza impone exagerar las acciones laudables, no hay nadie que no sobrepase los límites reales a la hora de otorgar prestigio: a partir de ahí, por tanto, hemos extraído la idea de un bien absoluto. 6. Fabricio rechazó el oro del rey Pirro y estimó que ser capaz de desdeñar las riquezas de un rey valía más que un reino. Este mismo, cuando el médico de Pirro prometió que daría veneno a su rey, dio aviso a Pirro para que se protegiera de aquella intriga. La misma actitud valerosa supuso no dejarse vencer por el oro y no vencer gracias al veneno. Admiramos a este gran personaje, al que no doblegaron ni lo prometido por el rey ni lo prometido contra el rey, obstinado en su ejemplaridad, inocente en tiempos de guerra (algo muy difícil), que creía que algunas cosas son ilegítimas incluso contra un enemigo, que en su gran pobreza, que él tomaba a gala, rechazó de la misma manera las riquezas que el envenenamiento. «Vive por un favor mío, Pirro», vino a decir, «y alégrate de lo que hace poco lamentabas, de que no haya modo de corromper a Fabricio». 7. Horacio Cocles cerró en solitario la parte más estrecha de un puente y ordenó que lo cortaran a sus espaldas con tal de cerrarle el paso también al enemigo, resistiendo sus embates hasta que por fin arrancaron las pilastras de madera, que resonaron al caer con gran destrozo. Una vez que miró atrás y vio que su patria estaba fuera de peligro a cuenta del peligro que él arrostraba, exclamó: «Que me siga quien quiera, que por aquí me voy», y se tiró de cabeza en medio de la rápida corriente del río, no menos preocupado por salir con la armadura que por salir sano y salvo; manteniendo la gloria de seguir empuñando las armas de su victoria, regresó tan tranquilo, como si hubiese venido por el puente.

8. Estas acciones y otras semejantes nos han mostrado una imagen de la virtud.

Añadiré algo que quizá parezca extraño: acciones malas a veces muestran apariencias de ser honestas y lo mejor resalta a partir de su contrario. Porque hay, como sabes, vicios que limitan con las virtudes, y también los ruines y desvergonzados ofrecen visos de rectitud: así el manirroto pasa por generoso, a pesar de que una cosa es que alguien sepa dar y otra muy diferente que no sepa guardar. Mi querido Lucilio, hay muchos, insisto, que no regalan, sino que derrochan: no llamo yo generoso al que está peleado con su dinero. La condescendencia remeda a la amabilidad, la precipitación a la valentía. 9. Esta semejanza nos obliga a prestar atención y distinguir realidades que aparentemente están cercanas pero en realidad difieren en gran manera. Cuando reparamos en aquellos que lograron prestigio gracias a alguna acción destacada, empezamos por señalar quién ha realizado algo con nobleza de ánimo y gran empuje, pero una sola vez. Vemos a uno que es valiente en la batalla pero timorato en el foro, que soporta con valor la pobreza pero se arrastra ante la calumnia: alabamos acciones suyas, pero despreciamos a ese hombre. 10. Vemos a otro que es bueno con sus amigos, moderado frente a sus adversarios, que lleva sus actividades públicas y privadas con escrúpulo y rectitud; vemos que no le falta aguante en las situaciones que hay que sobrellevar y buen juicio en las que hay que resolver; lo vemos dar a manos llenas cuando hay que contribuir, mostrar tesón y dureza, y aligerar con su actitud las fatigas del cuerpo, cuando había que realizar un trabajo. Por otra parte, este hombre siempre sería el mismo y en toda actividad estaría a su altura, bueno no solo a la hora de planificar, sino que además se conduce de modo que no solamente podría actuar rectamente, sino que además, de no ser así, no podría hacer cosa alguna. 11. Hallamos en él el concepto de la virtud perfecta. La dividimos en partes: convenía que se refrenaran los deseos, que se reprimiera el miedo, que se previera lo que había que hacer, que se pagara la cuota debida: reunimos en uno la templanza, la fortaleza, la prudencia, la justicia y asignamos a cada una sus propias funciones. Así que ¿de dónde sacamos el concepto de virtud? Nos lo revelan su jerarquía, su belleza, su coherencia, la armonía de todas sus acciones y esa grandeza suya que se eleva por encima de todas las cosas. De ahí sacamos el concepto de una vida feliz que discurre a favor de corriente, dueña de sí toda entera. 12. ¿Cómo se nos ha ofrecido esta última idea? Te lo voy a decir. Ese varón perfecto y dueño ya de la virtud jamás maldice a la fortuna, jamás encaja con tristeza las penas que por casualidad le llegan y, considerándose ciudadano y soldado del mundo, afronta los trabajos como si se los ordenaran. Cualquier cosa que le ocurra no la rechaza como una desgracia y un aporte de su mala suerte, sino como si se la hubieran encomendado. Dice: «Sea esto lo que sea, a mí me corresponde; es penoso, duro, trabajemos entonces en ello». 13. Así que por fuerza aparecía como un hombre grande el que nunca sollozaba en las desgracias, nunca se quejaba de su destino; hacía que muchos entendieran quién es, brillaba no de otro modo que la luz en las tinieblas y atraía la atención de todos, pues era pacífico y afable, sereno por igual en las cuestiones humanas y divinas. 14. Tenía un alma perfecta y llevada a la culminación de su propio ser, sobre la que no hay nada salvo la mente de un dios, de quien llegó a desprenderse una parte para venir a parar a este pecho mortal, ese pecho que nunca es más divino que cuando piensa en su propia mortalidad y sabe que el hombre ha nacido tan solo para consumar su vida, que este cuerpo no es morada sino hospedaje, y además un hospedaje pasajero, que tendrás que interrumpir en cuanto veas que molestas a quien te hospeda.

15. Y te digo, querido Lucilio, el argumento de mayor peso para creer que el alma viene de un sitio más alto, se da cuando ella juzga bajas y estrechas estas realidades entre las que se mueve, cuando no teme marcharse; y es que sabe adónde se marchará quien recuerda de dónde viene. ¿No vemos cuántos males nos incomodan, qué mal avenido está este cuerpo con nosotros? 16. Ya nos quejamos de la cabeza, ya del vientre, ya del pecho y la garganta; otras veces nos atormentan los tendones, luego los pies,

ahora las diarreas, ahora las mocarreras; en ocasiones nos sobra sangre, en ocasiones nos falta: se nos pone a prueba por un lado y por otro y a empujones se nos echa a la calle. Es lo que les suele ocurrir a quienes viven en casa ajena. 17. Ahora bien, nosotros, a los que nos ha caído en suerte un cuerpo tan deleznable, no dejamos de proponernos empresas eternas y, hasta donde puede extenderse el tiempo de una vida humana, lo ocupamos con nuestras esperanzas, sin contentarnos con ninguna cantidad de dinero, de poder. ¿Qué puede haber más vergonzoso, más estúpido que semejante actitud? Nada es bastante para quienes una vez habrán de morir, digo mal, para quienes ya están muriendo, ya que cada día estamos más cerca del último y cada hora nos empuja al lugar de nuestra caída. 18. Mira en qué ceguera se mueve nuestra mente: lo que digo que habrá de llegar está ocurriendo precisamente ahora y en gran parte ya ha ocurrido; porque el tiempo que hemos vivido sigue estando en el mismo lugar que estaba antes de que lo viviéramos. Pero nos equivocamos al temer el último día, siendo así que cada uno de nuestros días contribuye por igual a la muerte. El escalón en el que ya nos detenemos no es el que nos ha cansado, lo único que hace es corroborar nuestro cansancio; el día final alcanza la muerte, pero todos se le van acercando; ella nos desprende, no nos arranca. Por tanto, el alma grande, consciente de su naturaleza superior, procura, en el puesto donde la han colocado, actuar con honradez y solvencia; por otra parte, no considera suyo nada de lo que tiene alrededor, sino que, como viajero y hombre con prisas, lo usa como algo que le han facilitado.

19. Cuando veamos a alguien con semejante firmeza, ¿cómo no iba a prender en nosotros la idea de un temperamento poco habitual? Así ocurriría desde luego si el mantenimiento de la situación demostraba que tal grandeza era auténtica. La verdad es siempre del mismo tenor, las cosas falsas no perduran. Algunos

son a veces unos Vatinios, a veces unos Catones, en un momento dado les parece poco severo Curio, poco pobre Fabricio, poco íntegro y satisfecho con sus enseres baratos Tuberón, y en otro momento desafían a Licino con sus riquezas, a Apicio con sus cenas, a Mecenas con sus exquisiteces.

20. El más claro indicio de tener una mente mala es el cambio y ese continuo vaivén entre el fingimiento de la virtud y el apego a los vicios:

«tenía a menudo doscientos,
a menudo diez criados; ahora hablaba de reyes
y tetrarcas, todo a lo grande, ahora decía: "Tenga yo mi mesa de tres pies
y mi cajita de sal pura, una toga que pueda protegerme
del frío aunque sea basta". Si le das un millón a este
hombre austero, que se contenta con poco, en cinco días
no queda nada».

21. Muchos hombres son exactamente iguales que este que describe Horacio Flaco como nunca siendo el mismo, ni siquiera parecido: hasta tal punto extrema sus cambios. ¿Muchos he dicho? Poco falta para que sean todos. No hay ni uno que no cambie de parecer y propósito cada día: ahora quiere tomar esposa, ahora echarse una amiga, ahora quiere portarse como un rey, ahora actúa como si no hubiera esclavo más servil, ahora se hincha hasta dar envidia, ahora se achanta y encoge por debajo de quien de verdad está tirado, ahora desparrama el dinero, ahora lo rebaña. 22. El alma poco juiciosa se confirma por lo siguiente: se manifiesta unas veces de un modo y otras de otro y, lo que creo más feo de todo, no concuerda consigo misma. Has de pensar que es una gran cosa interpretar el papel de un solo hombre. Excepto el sabio, nadie interpreta a uno solo, los demás tenemos muchas ca-

ras. Ahora te pareceremos íntegros y serios, ahora derrochadores y frívolos; cambiamos sin parar de máscara y nos ponemos la contraria de la que acabamos de quitarnos. Así que comprométete a seguir siendo hasta el final tal cual has decidido una vez manifestarte; haz que se te pueda alabar, o al menos, reconocer. De cierta persona que viste ayer se puede decir con razón: «Pero ¿quién es este?». Tan grandes son sus cambios. Adiós.

121

1. Pleitearás, lo estoy viendo, cuando te exponga la cuestioncilla de hoy, en la que me he detenido bastante tiempo. Y es que de nuevo vas a exclamar: «¿Qué tiene que ver esto con las costumbres?». Pero protesta lo que quieras hasta que yo primero ponga frente a ti a otros para que pleitees con ellos, a Posidonio y Arquidemo (ellos aceptarán comparecer en este juicio), y después te diga: «No todo lo relacionado con las costumbres mejora las costumbres». 2. Un punto concierne a la alimentación del hombre, otro a su trabajo, otro a su vestido, otro a la enseñanza, otro a la diversión; no obstante, todos ellos conciernen al hombre, aunque no todos lo mejoren. Unos puntos abordan las costumbres de un modo y otros de otro: unos las corrigen y regulan, otros indagan su naturaleza y origen. 3. Cuando planteo por qué la naturaleza crio al hombre, por qué lo puso por delante de los demás animales, ¿crees que me alejo de la moral? Es falso, pues ¿cómo sabrás qué costumbres asumir si no descubres qué es lo mejor para el hombre, si no examinas su naturaleza? Solo entenderás por fin qué se debe hacer y qué no se debe cuando hayas aprendido qué lazos tienes con tu propia naturaleza. 4. «Yo», dirás, «quiero aprender cómo desear menos, temer menos. Quítame de encima la superstición; enséñame que es insustancial y vano eso que lla-

man felicidad, que es muy fácil agregarle una sílaba». Satisfaré tu deseo: aconsejaré virtudes y azotaré a todos los vicios juntos. Aunque alguien me considere exagerado y desmedido en este punto, no cesaré de perseguir la maldad y de reprimir el terrible salvajismo de las pasiones y de coartar esos placeres que desembocan en dolor y de gritar mi invectiva a los deseos. ¿Cómo no, si de los males nos deseamos unos a otros los más grandes y de semejantes felicitaciones deriva todo aquello de lo que nos venimos quejando?

5. Entretanto déjame solventar algunos puntos que parecen un poco alejados de la materia. Nos preguntábamos si todos los animales poseen conciencia de su propia constitución. Pero se ve que la tienen justamente porque mueven sus miembros con soltura y adecuación, como si poco menos les hubieran instruido para hacer eso; ninguno hay que no use con destreza sus partes. El artesano maneja sus instrumentos con facilidad, el piloto de una nave voltea el timón con pericia, el pintor, para lograr el parecido con el modelo, distingue rápidamente los muchos y variados colores que se ha puesto delante y transita con mirada y mano desenvuelta entre sus ceras y el cuadro: así el animal es capaz de moverse para todas sus actividades. 6. Solemos admirar a los bailarines habilidosos porque sus manos están preparadas para expresar todas las situaciones y sentimientos, y sus gestos emulan la velocidad del lenguaje: lo que a estos les proporciona la técnica a los animales se lo da la naturaleza. A ninguno le cuesta mover sus miembros, ninguno vacila al ponerse en acción. Hacen eso en cuanto nacen; continúan con ese saber; nacen ya instruidos.

7. «Los animales», se dirá, «mueven sus partes de modo adecuado precisamente porque, si las movieran de otro modo, sentirían dolor. Así, según decís, se ven forzados, y es el miedo, no la voluntad, el que los mueve debidamente». Eso es falso, ya que los animales empujados por la necesidad son lentos, la agilidad es

propia de los que se mueven por impulso propio. Y hasta tal punto no los obliga a tal cosa el miedo al dolor que se afanan en realizar su movimiento natural aunque se lo impida el dolor. 8. Así el niño pequeño que ensaya a ponerse de pie y se está acostumbrando a caminar solo, en cuanto empieza a probar sus fuerzas, una y otra vez cae y se levanta llorando, al tiempo que se ejercita mediante el dolor para aquello que la naturaleza le exige. Ciertos animales de espaldas algo duras, cuando se les da la vuelta, se retuercen todo el tiempo, estiran y doblan las patas hasta que retoman su postura. Ningún tormento padece la tortuga colocada de espaldas, pero se muestra inquieta sin embargo, porque echa de menos su posición natural y no deja de hacer esfuerzos, de agitarse, hasta que vuelve a estar sobre sus pies. 9. Luego todos los animales tienen conciencia de su propia constitución y por eso manejan con tanta soltura sus miembros, y no tenemos mayor prueba de que vienen ya a la vida con ese saber incorporado que el ver que ningún animal es torpe en el manejo de sí mismo. 10. «La constitución», se dirá, «es como decís vosotros, la parte hegemónica del alma que se dispone de cierta manera respecto al cuerpo. Esto tan intrincado y sutil, que a duras penas ni vosotros podríais explicarlo, ¿cómo lo entiende ya un recién nacido? Todos los animales tendrían que nacer instruidos en la lógica para poder entender esa definición que es oscura para gran parte de la gente que viste toga». 11. Esta pega que pones valdría de verdad si yo dijera que los animales entienden la definición de «constitución». La naturaleza es más fácil de entender que de explicar. Por eso el recién nacido no sabe qué es «constitución», pero conoce su constitución; y el animal no sabe qué es «animal», pero siente que es animal. 12. Además, entiende su propia constitución de un modo craso, superficial y oscuro. Nosotros mismos sabemos que tenemos un alma; qué es el alma, dónde está, cómo es o de dónde viene no lo sabemos. Tal como es para nosotros la conciencia de nuestra alma, aunque ignoremos su naturaleza y su sede, así es la conciencia de su propia constitución para todos los animales. Porque es necesario que sientan aquello gracias a lo cual sienten otras cosas; es necesario que tengan conciencia de aquello a que obedecen, de aquello que los gobierna. 13. Ninguno de nosotros deja de entender que hay algo que mueve sus propios impulsos: qué es eso lo desconoce. Y sabe que posee una propensión: qué es o de dónde viene lo desconoce. De este modo también los recién nacidos y los animales tienen una conciencia de su parte hegemónica no lo bastante clara y definida.

14. «Afirmáis», se dirá, «que todo animal en primer lugar se armoniza con su propia constitución, pero que la constitución del hombre es racional y por eso el hombre no se armoniza consigo mismo en cuanto animal sino en cuanto racional; y es que el hombre se aprecia a sí mismo en razón de esa parte que lo hace hombre. ¿Cómo, por tanto, el recién nacido puede armonizarse con su constitución racional, si todavía no es racional?». 15. Cada edad tiene su constitución, el recién nacido tiene una, otra el niño, otra el joven, otra el viejo: todos se armonizan con la constitución en que se hallan. El recién nacido carece de dientes: se armoniza con esta constitución suya. Le salen los dientes: se armoniza con esta constitución. Porque incluso la planta que un día dará lugar a la cosecha de grano tiene una constitución cuando es tierna y apenas asoma en el surco, otra cuando cuaja y se asienta en un tallo ciertamente blando pero capaz de soportar su peso, otra cuando amarillea y con su espiga ya endurecida aguarda que la lleven a la era: va pasando de una constitución a otra, mantiene cada una y a ella se adapta. 16. Diferentes son las edades del recién nacido, del niño, del joven, del viejo; sin embargo, yo soy el mismo que fui de recién nacido y de niño y de joven. Así, aunque cada cual posea ahora una constitución y ahora otra, la armonía con su constitución sigue siendo la misma. Porque la

naturaleza no me encarga de velar por el niño o el joven o el viejo, sino por mí mismo. Luego el recién nacido se adapta a la constitución que en su momento posee como recién nacido, no a la que tendrá de joven; y es que, si bien le espera todavía algo mayor en que convertirse, el estado en que nace tampoco deja de ser conforme a la naturaleza. 17. El animal se armoniza primero de todo consigo mismo; debe haber algo, claro es, hacia lo que se encaucen las demás cosas. Busco el placer. ¿Para quién? Para mí; luego cuido de mí mismo. Huyo del dolor. ¿En favor de quién? En favor mío; luego cuido de mí mismo. Si todo lo hago para cuidar de mí mismo, el cuidado de mí mismo está por encima de todo. Esto se da en todos los animales, y no se les inculca, sino que nacen con ello. 18. La naturaleza saca adelante sus criaturas, no las abandona; y puesto que el cuidado más seguro viene del más cercano, cada una se encarga de sí misma. Por tanto, como dije en las anteriores cartas, también los animales pequeños, recién salidos del útero materno o del huevo, conocen sin más qué cosa les perjudica y evitan lo que puede acarrearles la muerte; los animales que pueden ser presa de las aves rapaces se espantan hasta de su sombra cuando les pasan volando por encima. Ningún animal lleva su vida adelante sin miedo a la muerte.

19. «¿Cómo el animal recién nacido», se dirá, «puede tener idea de lo que le es saludable o mortífero?». En primer lugar, se plantea si entiende, no cómo entiende. Pero es claro que tienen inteligencia debido a que, si entendieran, no harían otra cosa que lo que hacen. ¿Qué razón hay para que la gallina no huya del pavo ni del ganso y huya en cambio del gavilán, que es tanto más pequeño que los otros y al que ni siquiera conoce? ¿Por qué los polluelos se asustan del gato y no del perro? Está claro que tienen un conocimiento de lo que les puede dañar que no lo han ido acumulando con la experiencia, pues se precaven antes de haber tenido experiencia alguna. 20. En segundo lugar, no vaya a ser

que creas que estos son eventos casuales, no temen más que a
lo que deben temer y jamás abandonan el cuidado y la protección
de sí mismos: huyen siempre de la misma manera de lo que les
perjudica. Además, no se vuelven más asustadizos a lo largo de su
vida; se ve por ello que no vienen a ser así gracias a la práctica sino
gracias a un deseo innato de mantenerse incólumes. Lo que la
práctica enseña procede de un modo lento y cambiante: cada acción que la naturaleza enseña es en todos idéntica e instantánea.
21. No obstante si lo requieres, te diré cómo todo animal se ve
obligado a entender qué le perjudica. Percibe que está hecho de
carne; por tanto, percibe con qué puede cortarse la carne, con qué
quemarse, con qué aplastarse, qué otros animales tienen armas
para dañarle: deduce que su aspecto le es peligroso y hostil. Van
unidas esas dos cosas, pues está en buena armonía con su propia
integridad cualquier criatura que busca lo que le conviene y teme
lo que habría de dañarle. Naturales son sus impulsos hacia lo provechoso, naturales las repugnancias hacia lo contrario. Todo lo
que la naturaleza determina ocurre sin reflexión que lo declare,
sin un planteamiento previo. 22. ¿No ves la agudeza que tienen
las abejas a la hora de modelar sus viviendas, con cuánta concor-
dia distribuyen el trabajo que tienen que afrontar en todo momento? ¿No ves qué incapaces somos los mortales de imitar la tela
de araña, qué trabajo tan grande supone distribuir los hilos, los
unos dispuestos en línea recta a manera de vigas maestras, los otros
discurriendo en círculos, tupidos los de dentro y espaciados los de
fuera, para que en ellos como en una red se traben los animales
pequeñitos cuya perdición procura toda esta trama? 23. Esta técnica es innata, no aprendida. Por tanto, ningún animal está mejor
instruido que otro: verás las telas de araña siempre iguales, siempre iguales las celdillas en cada rincón del panal. Todo lo que la
técnica transmite es desigual e inseguro: lo que dispone la naturaleza tiene unos resultados parejos. Ella no transmite más que el

cuidado de sí y la pericia para ejercerlo, y por eso comienzan a la vez esas enseñanzas y la propia vida. 24. Y no es de extrañar que nazcan con ello aquellas criaturas que sin ello nacerían para nada. El primer medio que la naturaleza puso en ellas para la supervivencia es el acuerdo consigo y el apego a sí mismas. No podrían mantener su integridad si no tuvieran tal voluntad; esto les aprovecharía por sí solo, pero, además, sin esto, nada les aprovecharía. Ahora bien, en ninguno hallarás el desprecio de sí, ni siquiera el descuido de sí; también los animales mudos e irracionales, aunque sean torpes para lo demás, son hábiles para vivir. Verás que aquellos seres que son inútiles para otros no dejan de cuidarse. Adiós.

123

1. Destrozado por un viaje más incómodo que largo llegué a mi finca de Alba muy entrada la noche: no tengo preparada ninguna cosa salvo mi persona. Así que descargo mi cansancio en un camastro y tomo a bien la tardanza del cocinero y el panadero. En efecto, me pongo a hablar para mis adentros de estas cosas, de lo poco que le pesa a uno lo que toma a la ligera, de cómo desaparece del todo la indignación cuando tú no haces nada por indignarte. 2. Mi panadero no tiene pan; pero lo tiene el casero, pero lo tiene el portero, pero lo tiene el aparcero. «Pan malo», dirás. Espera: se volverá bueno; el hambre te lo convertirá en tierno y candeal. Por eso no hay que comer antes de que ella lo ordene. Conque esperaré y no probaré bocado hasta que tenga un buen pan o deje ya de hacer ascos al malo. 3. Es necesario acostumbrarse a lo poco: también a los ricos y bien provistos les saldrán al paso muchas dificultades en un sitio u otro, muchas dificultades en un momento u otro, que los apartan de lo que tanto tiempo desea-

ron. Nadie puede tener todo lo que quiere, pero puede no querer aquello que no tiene, disfrutar con alegría de lo que se le ofrece. Gran parte de la libertad consiste en un vientre bien considerado y capaz de sufrir agravios. 4. Es imposible calcular cuánto gusto saco al ver que mi cansancio se me pasa solo: no requiero masajistas, baños, ningún otro remedio salvo el tiempo. Y es que lo que ocasionó el esfuerzo lo quita el descanso. Esta cena mía, la haga como la haga, va a ser más alegre que la del que toma posesión de un cargo. 5. Pues he hecho de pronto una comprobación sobre mi alma, y una comprobación más directa y auténtica. Porque cuando ella se prepara de antemano y se impone ser paciente, no se ve del mismo modo hasta qué punto se ha fortalecido realmente: las pruebas más seguras son las que ella ofrece de forma improvisada, cuando contempla las molestias no solo con calma sino con agrado; cuando no se enardece ni pleitea; cuando ella misma suple con la renuncia aquello que se le tenía que proporcionar y piensa que le falta algo a su rutina, nada a ella misma.

6. Muchas cosas no comprendemos lo inútiles que son hasta que de pronto nos faltan; y es que las usábamos no porque debiéramos sino porque las teníamos. ¡Qué cantidad de cosas adquirimos porque otros las adquieren, porque todos en su gran mayoría las tienen! Entre las causas de nuestros males está el que vivimos a ejemplo de los demás, no nos organizamos según la razón, sino que nos dejamos arrastrar por la costumbre. Si pocos se entregaran a la imitación, tampoco nosotros querríamos hacerlo, pero como la mayoría lo hace, nosotros vamos detrás como si eso fuera más honroso por ser más frecuente; y el error, una vez que se ha hecho general, ocupa entre nosotros el lugar de lo recto y debido. 7. Ya todos viajan de manera que los preceda la caballería númida, que vaya por delante un batallón de corredores; es vergonzoso que no haya nadie que aparte del camino a los que se le cruzan, nadie que avise que llega un hombre con clase levantando una

gran polvareda. Todos tienen ya mulos para acarrear sus vajillas de cristal, de *murra* o cinceladas por la mano de un gran orfebre: es vergonzoso dejar ver que únicamente tienes bultos que pueden sufrir zarandeos sin roturas. La fila de muchachos de toda esta gente viaja con la cara embadurnada, para que ni el sol ni el frío les estropee su delicado pellejo: es vergonzoso no tener en tu comitiva ningún efebo cuya cara no requiera cremas.

8. Hay que evitar la charla de todos estos: estos son los que enseñan vicios y los van pasando de un sitio a otro. Parecía que la peor especie de gente eran los que propalan habladurías, pero hay algunos que propalan vicios. Su charla hace mucho daño; porque, aunque no prospere de inmediato, deja simientes en el alma y el mal nos persigue cuando ya nos hemos separado de ellos, listo para resurgir luego. 9. Al igual que los que oyen una orquesta llevan consigo en sus oídos la cadencia y la suavidad de las melodías, que les estorba pensar y no les permite ocuparse en asuntos serios, así la charla de los aduladores y de los que alaban la maldad perdura mucho tiempo después de oída. No es fácil eliminar de la mente un soniquete suave: persiste y se mantiene y vuelve a ratos. Así que hay que cerrar los oídos a las malas palabras y además al principio; porque, una vez que arrancan y se les hace caso, ganan en atrevimiento. 10. De ahí se llega a afirmaciones como estas: «La virtud y la filosofía y la justicia son repiqueteos de palabras vacías; la única felicidad es darse buena vida; comer, beber, disfrutar del propio patrimonio; eso es vivir, eso es tener en cuenta que uno es mortal. Corren los días y la vida se escurre sin remedio. ¿Cabe dudarlo? ¿De qué aprovecha ser sabio y a una vida que no siempre será capaz de disfrutar del placer, ahora que puede, ahora que lo exige, imponerle mesura? ¿De qué anticiparse a la muerte y prescindir de todo lo que ella un día interrumpirá? No tendrás una amiga ni tampoco un efebo para darle achares, todos los días andarás sobrio, celebrarás banquetes como si tuvieras que

presentar las cuentas diarias a tu padre: eso no es vivir sino andar haciendo la vida de otro. 11. ¡Qué locura tan grande es gestionar los bienes de tu heredero y negarte todo a ti mismo para que tu gran herencia haga de tu amigo un enemigo, ya que cuanto más reciba, más se alegrará de tu muerte! Esos hombres severos y que con el ceño fruncido censuran las vidas ajenas, enemigos de la suya propia, maestrillos de todos en general, que no te importen ni un centavo, y no dudes en preferir la buena vida a la buena opinión de los otros».

12. Hay que huir de semejantes sones del mismo modo que de aquellos junto a los cuales Ulises no quiso pasar más que amarrado: te apartan de tu patria, de tus progenitores, de tus amigos, de las virtudes, y entre esperanzas se burlan de vuestra pobre vida de vergonzoso abandono. ¡Cuánto mejor es seguir la recta senda y llegar a un punto en que identifiques lo placentero con lo honesto! 13. Y podremos lograrlo si sabemos que hay dos clases de cosas que nos seducen o nos repelen. Nos seducen las riquezas, los placeres, la belleza, la ambición y los otros bienes lisonjeros y risueños; nos repele el esfuerzo, la muerte, el dolor, el desprestigio, vivir con estrecheces. Debemos, por tanto, entrenarnos para que ni temamos estas cosas ni deseemos aquellas. Luchemos en sentido contrario: apartémonos de lo que nos seduce y lancémonos contra lo que nos ataca. 14. ¿No ves qué diferentes posturas toman los que bajan y los que suben? Los que bajan una pendiente echan atrás el cuerpo, los que suben una cuesta empinada lo doblan hacia delante. Porque si al bajar echas el propio peso hacia la parte delantera y al subir lo retraes, eso supone ceder a la mala tendencia. Bajamos hacia los placeres, tenemos que afrontar duras pendientes: en este segundo caso empujemos el cuerpo, en el otro refrenémoslo.

15. ¿Crees que ahora estoy diciendo que solamente son dañinos para nuestros oídos los que alaban el placer, los que nos me-

ten miedo al dolor, actitudes temibles por sí solas? También creo que nos hacen daño los que fingiéndose estoicos nos invitan al vicio. Porque van aireando por ahí que solo el sabio e instruido es un amante. «Solo él está preparado para este arte; el sabio es el más experto a la hora tanto de beber como de vivir en compañía. Indaguemos hasta qué edad pueden ser objeto de amor los muchachos». 16. Pasemos por alto tales cosas en consideración a la forma de vivir de los griegos, nosotros prestemos oídos más bien a estas reglas:

> «Nadie es bueno por casualidad: la virtud hay que aprenderla.
>
> El placer es una cosa baja y mezquina y hay que tenerla en nada, lo compartimos con los animales irracionales, y hasta los más pequeños y despreciables de ellos corren en su busca.
>
> La gloria es algo vano y mudable y más tornadizo que el viento.
>
> La pobreza no es mala para nadie salvo para el que la rechaza.
>
> La muerte no es un mal. ¿Preguntas qué es entonces? Ella sola es la única ley igual para todos los hombres.
>
> La superstición es un extravío loco: teme a los que tendría que amar, ultraja a los que venera, pues ¿qué diferencia hay entre negar tú a los dioses o decir de ellos cosas malas?».

17. Estas reglas hay que aprenderlas, y yo diría que aprenderlas del todo: la filosofía no debe proporcionar excusas al vicio. No tiene la menor esperanza de curación el enfermo al que el médico anima a no moderarse. Adiós.

124

1.

«Puedo traerte aquí muchos consejos de los antiguos,
si no rehúsas ni desdeñas enterarte de tareas menudas».

Pero tú no rehúsas ni hay sutileza que te eche atrás: no corresponde a tu elegancia andar siempre detrás de grandes cuestiones; veo bien esto y también que todo lo dirijas a sacar algún provecho y tan solo te incomodes cuando la sutileza extrema no sirve para nada. Procuraré que eso no ocurra tampoco en este caso.

Nos plantearemos si el bien se capta mediante los sentidos o mediante el intelecto; esto lleva aparejado que en los animales irracionales y en los recién nacidos no está presente. 2. Todos y cada uno de los que colocan el placer en el punto más alto consideran que el bien es sensible; nosotros, por el contrario, lo consideramos inteligible, pues lo atribuimos al alma. Si los sentidos juzgaran sobre el bien, no rechazaríamos ningún placer, pues no hay ninguno que no atraiga, que no guste; y, al revés, no arrostraríamos voluntariamente ningún dolor, pues no hay ninguno que no choque a los sentidos. 3. Además, no merecerían críticas los que se recrean demasiado en el placer y temen muchísimo al dolor. Es así que censuramos a los aficionados glotones y libidinosos, al tiempo que despreciamos a los que por miedo al dolor no son capaces de afrontar ninguna cosa con valentía. Pero ¿en qué yerran si obedecen a los sentidos, esto es, a sus jueces de lo malo y lo bueno? Porque a ellos habéis entregado la potestad de decidir qué es deseable y qué rechazable. 4. Pero está claro que todo este asunto está presidido por la razón: ella ha fijado una posición tanto sobre la felicidad, sobre la virtud y la honradez como sobre lo bueno y lo malo. Porque entre esos la opinión sobre lo mejor se confía a la parte más ruin, de manera que sobre el bien emita su sentencia el sentido, una facultad torpe y embotada y, en el caso del hombre, más tarda que en los demás animales.

5. ¿Qué pasaría si alguno quisiera distinguir los objetos pequeños con el tacto y no con la vista? No habría penetración más fina ni más intensa que la de los ojos a la hora de distinguir lo bueno y lo malo. Ya ves en qué desconocimiento tan grande de la verdad se mueve y cómo tira por tierra realidades sublimes y divinas aquel que opina que sobre lo más elevado, lo bueno y lo malo es el tacto el que juzga. 6. «Al igual», se objeta, «que toda ciencia y arte deben poseer algún elemento manifiesto y comprensible por los sentidos para a partir de ahí empezar y desarrollarse, así también la vida feliz extrae sus fundamentos y su arranque de nociones claras y de aquello que encaja dentro de los sentidos. Porque también vosotros decís que la vida feliz toma arranque de nociones manifiestas».

7. Decimos que son realidades felices las que están de acuerdo con la naturaleza; ahora bien, qué cosa está de acuerdo con la naturaleza se ve claro de modo abierto e inmediato, como qué cosa está entera. Algo que está de acuerdo con la naturaleza y le corresponde sin más al recién nacido no lo llamo bueno, sino comienzo de lo bueno. Tú le atribuyes el bien supremo, el placer, al recién nacido, de manera que el hombre nacería ya con aquello a lo que llegará cuando alcance su perfección; pones la copa del árbol en el sitio mismo de su raíz. 8. Si alguno dijera que el niño encerrado en el seno materno, de sexo todavía indefinido, diminuto e imperfecto e informe, está ya instalado en alguna clase de bien, veríamos claramente que está equivocado. En efecto, ¿qué diferencia hay entre aquel que en este preciso momento alcanza a vivir y el otro que encerrado no es más que un peso en las entrañas de la madre? Uno y otros tienen la misma madurez para comprender el bien y el mal, y el recién nacido no es más capaz de este bien que

el árbol o el animal que no habla. Pero ¿por qué no se da el bien en el árbol y el animal que no habla? Porque tampoco se da la razón en ellos. Por eso tampoco se da aquel en el recién nacido, pues también a él le falta esta. Alcanzará el bien justamente cuando alcance la razón. 9. Es en cierto modo un animal irracional, uno todavía no racional, uno racional pero incompleto: en ninguna de estas opciones hay bien, la razón lo aporta. ¿Qué diferencia hay por tanto entre estos estados que acabo de referir? En aquello que es irracional nunca estará el bien; en aquello que todavía no es racional no puede estar el bien de momento; en aquello que es racional pero incompleto ya puede estar el bien, pero no lo está. 10. Así te lo digo, Lucilio: el bien no se halla en cualquier cuerpo, ni en cualquier edad, y está tan alejado de la infancia como lo último lo está de lo primero, como lo acabado lo está del inicio; luego tampoco se halla en el cuerpecillo tierno, que acaba de cuajar. ¿Cómo no iba a faltar en él? Como también falta en la semilla. 11. Dirías que es como sigue: sabemos que en el árbol y en la planta se da un cierto bien; ese bien no reside en el primer retoño que rompe la tierra en el preciso instante en que brota. Se da un cierto bien en el trigo: ese bien todavía no está en la hierba en ciernes ni cuando la espiga todavía blanda sale fuera de sus hojillas, sino cuando el verano y la correspondiente madurez han llevado el grano a sazón. Al igual que toda naturaleza no revela su propio bien sino cuando ya está acabada, así el bien del hombre no se da en el hombre sino cuando la razón en él está completa. 12. Pero ¿cuál es ese bien? Te lo diré: un alma libre, decidida, que somete las demás cosas a ella y ella no se somete a ninguna. Este bien está tan lejos de encajar en la niñez primera como que en absoluto es esperable en la adolescencia y a duras penas en la juventud; ya tiene suerte la vejez si tras largo estudio y empeño lo alcanza. Si tal es el bien, es algo que depende asimismo del intelecto.

13. «Has afirmado», se objetará, «que hay un cierto bien en el árbol, un cierto bien en la hierba; puede haber por tanto un cierto bien en el recién nacido». El auténtico bien no se da ni en los árboles ni en los animales irracionales: el bien que hay en ellos lo llamamos bien por una concesión. «¿Cuál es?», dirás. Ese que se da conforme a la naturaleza de cada ser. Por supuesto el bien no puede corresponder en modo alguno al animal irracional: es propio de una naturaleza más rica y valiosa. Salvo allí donde la razón tiene un sitio, no hay bien. 14. Hay cuatro naturalezas, la del árbol, la del animal, la del hombre, la del dios: estos dos últimos seres, que son racionales, tienen la misma naturaleza y se diferencian en que el uno es inmortal y el otro mortal. En ellos, pues, el bien del uno, a saber, del dios, alcanza su perfección gracias a la naturaleza, el del otro, el hombre, gracias al esfuerzo. Los demás seres son perfectos exclusivamente en su naturaleza, no son realmente perfectos, puesto que en ellos la razón no está presente. Y es que a la postre es perfecto lo que es perfecto según la naturaleza toda; y la naturaleza toda es racional: esos otros seres pueden ser perfectos en su género. 15. En aquello en lo que no puede darse una vida feliz tampoco puede darse lo que ocasiona una vida feliz. Ahora bien, la vida feliz está ocasionada por los bienes. En el animal irracional no se da la vida feliz ni aquello que ocasiona una vida feliz: en el animal irracional no se da el bien. 16. El animal irracional comprende las cosas presentes gracias a su sensibilidad; recuerda las pasadas cuando da con algo que pone sobre aviso a su sensibilidad, como cuando el caballo recuerda el camino una vez que se le coloca en el punto de partida. Es claro que en la cuadra no tiene el menor recuerdo del camino por más veces que lo haya recorrido. El tercer aspecto del tiempo, el futuro, no corresponde a los irracionales. 17. En consecuencia, ¿cómo puede parecernos perfecta la naturaleza de aquellos seres que no tienen un manejo del tiempo todo? Porque el tiempo consta de tres par-

tes, el pasado, el presente y el porvenir. A los animales solo se les ha dado aquella parte más breve y pasajera, el presente: su recuerdo del pasado es discontinuo y solo se renueva si les sale al paso alguna realidad presente. 18. Así que no puede darse el bien de una naturaleza perfecta en una imperfecta; en otro caso, si una naturaleza como la del irracional lo posee, lo poseen también las plantas. Y no estoy negando que para las cosas que nos parecen que son según la naturaleza los animales irracionales no posean impulsos poderosos y enérgicos, aunque desordenados y confusos; pero jamás lo desordenado y confuso es un bien.

19. «¿Qué ocurre entonces?», me dirás, «¿los animales irracionales se mueven de manera confusa y desorganizada?». Diría que ellos se mueven de manera confusa y desorganizada si su naturaleza diera cabida al orden: realmente se mueven conforme a su naturaleza. Porque lo confuso es aquello que alguna vez puede también no ser confuso; preocupado es lo que puede ser despreocupado. Nada encierra un defecto si no tiene la posibilidad de poseer la virtud correspondiente: los animales irracionales tienen un movimiento así gracias a su naturaleza. 20. Pero para no entretenerte más, habrá alguna clase de bondad en el animal irracional, habrá alguna clase de virtud, habrá alguna clase de perfección, pero ni la bondad, ni la virtud ni la perfección absolutas. Porque estas últimas corresponden únicamente a los racionales, capaces de saber por qué, hasta qué punto, cómo. Por tanto, en nada hay bien salvo en aquello en lo que hay razón.

21. ¿Quieres saber a qué apunta esta discusión y en qué le aprovechará a tu mente? Te lo digo: la entrena y aguza y sin duda, ya que está dispuesta a realizar alguna cosa, la mantiene en una actividad buena. E incluso sirve de provecho por cuanto refrena a quienes se precipitan hacia el mal. Pero también te digo: no te puedo ayudar mejor que si te muestro tu propio bien, si te diferencio de los animales irracionales, si te pongo al lado de la divi-

nidad. 22. ¿Por qué fomentas las fuerzas corporales y las ejercitas?, te pregunto. La naturaleza les ha otorgado fuerzas mayores a las bestias. ¿Por qué cuidas tu aspecto? Después de intentarlo todo, quedarás derrotado por la belleza de los animales irracionales. ¿Por qué arreglas tus cabellos con tanto cuidado? Después de dejarlos crecer a la manera de los partos, trenzarlos al estilo de los germanos o soltarlos como suelen hacer los escitas, en cualquier caballo hallarás que ondula una melena más espesa, que una más hermosa se levanta en la cerviz de los leones. Si corres para adquirir velocidad, no igualarás a una pobre liebre. 23. ¿Quieres tú abandonar actividades en las que, empeñándote en lo que no te corresponde, por fuerza quedarás derrotado y dirigirte ya de nuevo a tu propio bien? ¿Cuál es ese bien? Está claro: un alma enmendada y pura, émula de un dios, que se levanta por encima de las cosas humanas y no pone nada de lo suyo fuera de sí mismo. Eres un animal racional. Por tanto, ¿cuál es el bien que hay en ti? La razón perfecta. Llévala tú hacia su propio fin, deja que crezca lo más que pueda. 24. Considérate dichoso justamente cuando toda alegría te nazca de ti mismo, cuando después de ver lo que los hombres saquean, anhelan, guardan, halles que no hay nada, no digo ya que prefieras, sino que desees. Te daré una breve fórmula para medirte y ver que ya eres perfecto: tendrás lo tuyo cuando comprendas que los felices son los más infelices. Adiós.

Meditaciones

Marco Aurelio

Libro I

1.1 De mi abuelo Vero, el buen carácter y la ausencia de cólera.

1.2 De la fama y recuerdo del que me engendró, la decencia y la virilidad.

1.3 De mi madre, la devoción, la generosidad y refrenarse tanto de hacer daño como de tener la idea de hacerlo; (2) además, la sencillez en el régimen de vida lejos de las costumbres de los ricos.

1.4 De mi bisabuelo, no frecuentar las escuelas públicas; (2) disfrutar de buenos maestros en casa; (3) saber que en eso hay que gastar de forma espléndida.

1.16 De mi padre la gentileza, la firmeza sin oscilación en decisiones previamente analizadas; (2) no vanagloriarse en lo que se considera motivo de honras; (3) ser amigo del esfuerzo y perseverar; (4) prestar oídos a quien tiene algo en bien del común que proponer; (5) no dejarse pervertir al distribuir a cada uno según su valía; (6) tener experiencia de cuándo se precisa tensión y cuándo relajación; (7) hacer cesar los amoríos con adolescentes; (8) la preocupación por el bien común; no desear por encima de todo que los amigos coman o viajen con uno a la fuerza, sino que los que se ausentaban por necesidades suyas se lo encontraban siempre igual; (9) las averiguaciones en las reuniones de consejo rigurosas y detenidas; (10) saber mantener a sus amigos, sin hartazgo repentino ni atolondramiento; (11) ser autosuficiente en todo y radiante; (12) prever con tiempo y regular por anticipado lo ínfimo sin dramatizar; (13) frenar durante su mandato las aclamaciones y cualquier adulación; (14) ser vigilante de las necesidades del imperio, ecónomo de los gastos públicos y capaz de encajar la crítica de algunos sobre tales actitudes; (15) con relación a los dioses no ser supersticioso, con relación a los hombres no ser demagogo, obsequioso, ni buscar el favor de la turba, sino ser sobrio y seguro en cualquier ocasión, nunca vulgar ante la belleza ni deslumbrado ante la novedad; (16) de las cosas que hacen la vida fácil y que con abundancia proporciona la fortuna, hacer uso sin delirio y sin buscar excusas, de forma que si estaban a mano las alcanzaba sin preocuparse, si estaban ausentes no las precisaba; (17) que ninguno pudiera decir que era un sofista, un impostor o un pedante, sino que era un hombre cabal, completo, ajeno al halago, capaz de ponerse al frente de sus propios asuntos y de los ajenos; (18) además de eso, su aprecio a los que hacen filosofía de verdad, sin ser crítico en demasía frente al resto y sin dejarse arrastrar por ellos; (19) además su buena compañía y donaire sin hartar; (20) preocuparse de su propio cuerpo con mesura, no como si tuviera apego a la vida, sin llegar al maquillaje pero tampoco desde luego al abandono, de forma que por su propia diligencia precisaba poquísimo de la medicina, de sus medicamentos o ungüentos, de uso interno o externo; (21) ceder terreno sin prejuicios a los que estaban en posesión de alguna capacidad como la de la elocuencia o la que proporciona la investigación de las leyes, costumbres u otros asuntos y colaborar con entusiasmo con ellos de forma que cada uno tuviese buena reputación en lo que era en concreto superior: todos sus actos los hacía de acuerdo con las tradiciones patrias sin aparentar que era justamente eso por lo que se esforzaba; (22) también no cambiar con facilidad ni mariposear, sino frecuentar los mismos lugares y hechos; (23) después de los ataques agudos de dolor de cabeza volver al punto con vigor y energía a las tareas habituales; (24) no tener muchos secretos, solo los mínimos, en muy rara ocasión y en bien del común; (25) su prudencia y moderación en la realización de los espectáculos, obras públicas, repartos y cosas por el estilo, que solo atendía a la propia necesidad de su realización, no a la fama una vez realizados; (26) no bañarse a deshora, ni tener manía constructora, y no preocuparse de las comidas ni de los tejidos o colores de sus ropas ni de que sus esclavos estuvieran en sazón; (27) la ropa que le llegaba desde Lorio desde su villa de abajo y muchas cosas de Lanuvio; (28) cómo trató al recaudador de Túsculo que se excusaba y todo ese tema; (29) en absoluto rudo ni desde luego inexorable, tampoco tan turbulento que uno pudiera llegar a decir «incluso sudó», sino que todos sus comportamientos estaban diferenciados razonadamente con minucia, sin turbación, con orden, con fuerza y en concordancia mutua; (30) se le podría aplicar la anécdota referida a Sócrates de que podía al tiempo abstenerse y disfrutar de aquello por lo que la mayoría en caso de abstinencia se siente débil y en caso de disfrute se deja llevar; (31) ser fuerte y resistente y en ambas cosas ser sobrio [es propio de un hombre que tiene un espíritu articulado e invencible], como en la enfermedad de Máximo.

Libro II

2.1 Desde el alba hay que decirse con énfasis a uno mismo: me toparé con el entrometido, con el desagradecido, con el soberbio, con el taimado, con el malicioso, el insociable. (2) Todos esos rasgos concurren en ellos por su ignorancia de los bienes y males. (3) Yo, al contrario, tras haber contemplado la naturaleza del bien y ver que es algo bello, y la del mal y ver que es algo vergonzoso, y la naturaleza del que yerra y ver que es de mi linaje, no por la misma sangre o simiente, sino por ser partícipe de la inteligencia y fracción divina, tampoco puedo sufrir perjuicio por parte de alguno de ellos, porque nadie me cubrirá de vergüenza; tampoco puedo encolerizarme con el que es de mi linaje ni odiarlo. (4) Hemos nacido para la colaboración, como los pies, las manos, los párpados, las filas de los dientes de arriba y abajo. (5) Entrar en conflicto unos con otros es contrario a la naturaleza; conflicto es enfadarse y darse media vuelta.

2.2 Aquello que soy son pequeñas carnes, pequeño hálito y el principio rector. Deja los libros de lado. No te distraigas más. No es posible. (2) Al contrario, como si te estuvieras muriendo, desprecia tus carnes que son sangre sucia, huesillos y la urdimbre que forman nervios, capilares y arterias. (3) Mira también tu hálito cómo es: es viento, ni siquiera siempre igual. A cada momento lo vomitamos y de nuevo nos lo tragamos. (4) Lo tercero es tu principio rector. Reflexiona así. Eres viejo, no permitas que sea esclavo, ni que sea manejado como una marioneta por el impulso antisocial, tampoco te irrites con el destino presente ni te encojas ante el futuro.

2.5 En cada momento preocúpate de realizar sólidamente, como romano y virilmente, lo que esté en tus manos con dignidad rigurosa y no fingida, con afecto, con libertad y con justicia y procurarte a ti mismo reposo de todas las demás representaciones. (2) Te lo proporcionarás si ejecutas cada acción como si fuera la postrera de tu vida, ajeno a cualquier atolondramiento, a renunciar por pasión a la razón directora, al fingimiento, al egoísmo, a la insatisfacción ante lo marcado por el destino. (3) Estás viendo qué pocas son las cosas que debe uno dominar para poder vivir una vida próspera y respetuosa con la divinidad, porque los dioses no exigirán nada más al que mantenga esto.

2.7 ¿Te distraen los acontecimientos exteriores? Ofrécete reposo para aprender algo bueno y dejar de dar tumbos. (2) Pero entonces también hay que guardarse de otro extravío: en efecto, cometen también tonterías los que por culpa de sus actos están cansados de vivir y no tienen objetivo al que dirigir de una vez por todas todo impulso y representación.

2.9 Hay que recordar siempre lo siguiente: cuál es la naturaleza del todo y cuál es la mía, qué relación tiene esta mía con aquella y qué parte es de qué todo, y que nadie te impide realizar las acciones y decir las palabras concordantes con la naturaleza de la que formas parte.

2.11 Como si fuese algo inmediato salir de la vida, así hay que ejecutar cada acción, decir cada palabra y tener cada pensamiento. (2) Marcharse de entre los hombres si los dioses existen no es nada terrible, porque estos no te endosarían un mal. Si por el contrario no existen o no les importan las cosas de los hombres, ¿qué me supone estar vivo en un universo vacío de dioses o vacío de providencia? (3) Pero existen y les importan las cosas de los hombres y para que el hombre no caiga en los males verdaderos le pusieron todo en sus manos. Si algo de lo restante fuera malo, también eso lo habrían previsto de forma que en cualquier caso tuviera la capacidad de no caer en ese mal. (4) Aquello que no hace al hombre peor, ¿cómo eso podría hacer la vida del hombre peor? (5) No lo habría pasado por alto la naturaleza del todo por ignorancia, o aunque lo supiera, por no poder precaverse o enderezarlo; tampoco habría cometido un error tan grande por incapacidad o por falta de pericia, para que indistintamente los bienes y los males acontecieran de forma revuelta tanto a los hombres buenos como a los malos. (6) La muerte y la vida, la buena fama y la mala, el sufrimiento y el placer, la riqueza y la pobreza, todas esas cosas ocurren indistintamente a los hombres tanto a los buenos como a los malos porque no son ni hermosas ni vergonzosas. No son ni buenas ni malas.

2.12 Es propio de la facultad inteligente fijarse en cómo desaparece rápidamente todo, las propias personas en el universo, los recuerdos de esas personas en el tiempo; en cómo son las cosas que son perceptibles y especialmente las que nos atraen con el cebo del placer o las que nos atemorizan con el sufrimiento o las que se pregonan con delirios de grandeza; en cómo no tienen valor, son fáciles de despreciar, sucias, perecederas, muertas; (2) en quiénes son esos cuyas suposiciones y palabras proporcionan buena o mala reputación; (3) en qué es morir (si uno viera la muerte en sí y con clasificación reflexiva descompusiera las supersticiones que se le añaden, supondrá que no es otra cosa que obra de la naturaleza, y si uno le tiene miedo a una obra de la naturaleza es un niñato, no es que sea solo obra de la naturaleza, es que le conviene); (4) en cómo el hombre está en contacto con dios y en qué parte de sí mismo, en caso de que esa porción del hombre se encuentre de una manera determinada.

2.16 Se humilla a sí misma el alma del hombre sobre todo cuando se transforma en absceso y como tumor del universo en lo que de ella depende. (2) Irritarse con algo de lo que sucede es separación respecto a la naturaleza que rodea las naturalezas de las restantes cosas; (3) en segundo lugar cuando se revuelve contra alguien o se vuelve contraria con intención de perjudicar, tal y como son las almas de los coléricos; (4) en tercer lugar, se humilla cuando se deja vencer por el placer o el sufrimiento; (5) en cuarto lugar, cuando finge y hace o dice algo con disimulo y mentira; (6) en quinto lugar, cuando se le escapa alguna acción suya e impulso sin ningún objetivo, sino que obra al azar, sin perseguir nada, cuando es preciso que incluso las más pequeñas acciones estén referidas a algún fin. El fin de los animales racionales es seguir la razón y ordenamiento de la ciudad y constitución más venerables.

2.17 El tiempo de la vida humana es un punto, su esencia fluye, su percepción es oscura, la composición del cuerpo en su conjunto es corruptible, el alma va y viene, la fortuna es difícil de predecir, la fama no tiene juicio, (2) en una palabra, todo lo del cuerpo es un río, lo del alma es sueño y un delirio. La vida es una guerra y un exilio, la fama póstuma es olvido. (3) Entonces, ¿qué es lo que puede escoltarnos? Solo una cosa, la filosofía. (4) Esto es vigilar que el espíritu divino interior esté sin vejación, sin daño, más fuerte que los placeres y los sufrimientos, que no haga nada al azar ni con mentira o fingimiento, que no tenga necesidad de que otro haga o deje de hacer algo. Y además que acepte lo que ocurre y lo que se le ha asignado como algo que viene de allí de donde él vino. Por encima de todo, aguardar la muerte con el pensamiento favorable de que no es otra cosa sino disgregación de los elementos de los que está compuesto cada ser vivo. (5) Si precisamente para los elementos en sí no hay nada terrible en que cada uno se transforme sin interrupción en otro, ¿por qué uno ve con malos ojos la transformación y disgregación de todos? En efecto, se produce según la naturaleza y nada es malo si es según la naturaleza.

Libro III

3.2 Es preciso también vigilar atentamente lo siguiente, que incluso lo que sobreviene a creaciones de la naturaleza tiene algún encanto y atractivo. (2) Así, por ejemplo, el pan al cocerse se resquebraja en algunas partes y esas aberturas, a pesar de ser de alguna forma contradictorias al buen hacer del panadero, llaman nuestra atención y mueven especialmente nuestra ansia por comerlo. (3) Lo mismo ocurre con los higos, que cuando más maduros están se abren. (4) También en las aceitunas muy en sazón el propio hecho de estar a un paso de pudrirse le añade cierta belleza al fruto. (5) Lo mismo las espigas que doblan su cabeza, el entrecejo del león, la espuma que fluye de la boca de los jabalíes y muchas otras cosas que si uno las observara en particular vería que están lejos de tener un buen aspecto; sin embargo, por concurrir a sucesos naturales, los adornan y los hacen atractivos, de forma que si uno tiene un sentimiento y una perspicacia más profunda frente a lo que sucede en el todo, casi nada le parecerá, incluidas las cosas que acontecen de forma concomitante, no estar conformado de forma más o menos agradable. (6) Esa persona verá las verdaderas fauces de las fieras con no menor agrado que las que los pintores y escultores muestran en imitación. Incluso en una vieja o en un viejo podrá ver cierto esplendor y sazón y el atractivo sexual de los adolescentes con ojos honestos. Muchas de estas cosas no son cautivadoras a todos, solo se le ocurrirán al que está familiarizado genuinamente con la naturaleza y sus obras.

3.4 No malgastes la parte que te resta de vida, si no lo haces referido al bien común, en representaciones sobre el prójimo, esto es, al representarte qué hace fulano, por qué, qué dice, qué se propone, qué maquina, todo lo que te hace vagar lejos de la atención al principio rector. (2) Por tanto, es preciso que dejes de lado en el hilo de tus representaciones el azar, la inutilidad y, con mucho mayor motivo, el entrometimiento y la malignidad. (3) Hay que acostumbrarse a representarse solo aquello sobre lo que si alguien de repente te interrogara: «¿en qué estás pensando ahora?»,

pudieras responder con franqueza inmediatamente: «Esto y aquello», de forma que de tus palabras quedara claro que todas tus representaciones son sencillas, favorables, propias de un animal comunitario, despreocupado de representaciones placenteras o en
general regaladas o que tenías eso en mente por alguna rivalidad,
malignidad, sospecha o alguna otra cosa por la que te sonrojarías
al exponerla. (4) Un varón así, que no aplaza estar ya entre los
mejores, es como un sacerdote y servidor de los dioses que trata
con el dios aposentado en su interior, lo que le permite ser un
hombre ajeno a los placeres, invulnerable a cualquier sufrimiento, inasequible a cualquier soberbia, insensible a cualquier mal-
trato, campeón en la mayor competición: no dejarse sobrepasar
por ninguna pasión, estar empapado hasta el fondo de justicia,
conformarse con toda su alma con todo lo que ocurre y se le ha
asignado, no representarse, si no es excepcionalmente y por una
gran necesidad en bien del común, qué dice, hace o piensa otro.
(5) Solo está atento a cómo podría ejecutar sus propias acciones y
reflexiona sin parar en su propio destino entrelazado con el todo:
las acciones que produce son honestas, su destino está convencido de que es bueno, (6) porque el hado asignado a cada uno lo
lleva uno consigo y a uno lo lleva consigo. (7) Se acuerda también
de que todo lo racional es de su linaje y de que la preocupación
por todos los hombres es acorde a la naturaleza del hombre pero
no hay que atenerse a la opinión de todos, sino solo a la de los que
sin discusión viven según la naturaleza. (8) Continuamente se
acuerda de cómo son tanto en casa como fuera de casa los que no
viven así y con quiénes se juntan de noche y de día. (9) Por tanto,
no pone en consideración el elogio que viene de aquellos que no
están conformes con ellos mismos.

3.6 Si descubres en la vida humana algo mejor que la justicia,
la verdad, la prudencia, la valentía y, dicho de una vez, que tu

mente se baste a sí misma tanto en los hechos en los que ofreces tu actuación según la razón recta como en los que sin elección previa asigna el destino, si, digo, ves algo mejor que eso, dirígele tu atención con toda tu alma y aprovecha ese bien supremo si lo has descubierto. (2) Pero si se hace evidente que no existe nada mejor que el propio espíritu divino que se asienta en ti, que tiene subordinados a su control tus impulsos particulares, que analiza tus representaciones, que se ha apartado de las emociones sensoriales, como decía Sócrates, que se ha subordinado a los dioses y que se preocupa de los hombres, (3) si descubres que todo lo demás es menor y de inferior valor que eso, no cedas terreno a ninguna otra cosa, porque si te postras y te inclinas una vez, no podrás ya tranquilamente rendir honor preferente a ese bien que te es particular. (4) No es recto colocar frente a lo que es el bien de la razón y de la sociedad ninguna otra cosa distinta como el elogio de la mayoría, los cargos, la riqueza, los disfrutes de distintos placeres. (5) Cualquiera de ellas, aunque parezca que la acomodas algún tiempo, al punto se apodera de ti y te desvía. (6) Pero tú, digo, escoge con sencillez y libertad lo mejor y confróntalo a todo eso. Pero es mejor la conveniencia. (7) Vigila que sea para ti en cuanto racional. Pero si es en cuanto animal, expón y mantén tu juicio contrario sin delirios de grandeza. Basta que hagas tu examen con seguridad.

3.11 A estos principios ya dichos que se añada todavía uno, establecer siempre el límite o el contorno de lo que provoca la representación, de forma que se observe cómo es en esencia, desnudo, en su conjunto y diferenciado en todas sus partes, y se diga para sí su nombre específico y los nombres de los elementos a partir de los que se conformó y en los que se disolverá. (2) Nada inspira mayor grandeza de ánimo que poder desenmascarar con método y con verdad cada uno de los sucesos de la vida y ver siempre su interior de forma que uno considere con qué aderezo ofrece qué utilidad y cuál es su valor respecto al todo y cuál respecto al hombre que es ciudadano de la ciudad más enaltecida, frente a la cual las restantes ciudades son como sus casas. (3) Qué es y a partir de qué está compuesto y cuánto tiempo va a permanecer por su naturaleza lo que provoca mi representación y cuál es la virtud que preciso frente a eso, como son la gentileza, la virilidad, la verdad, la confianza, la simplicidad, la autosuficiencia, las restantes.

3.12 Si llevas a cabo la tarea presente de acuerdo con la razón recta, con diligencia, con fuerza, con buen ánimo y no te desvías en nada accesorio sino que vigilas que tu espíritu divino permanezca puro como si ya hubiera que devolverlo, si te agarras a eso sin esperar ni evitar nada, sino que te conformas en tu actuación presente a la naturaleza y en lo que dices y declaras a la verdad romana, tendrás una buena vida. (2) Nadie hay que pueda impedírtelo.

3.16 Cuerpo, alma, inteligencia. Las sensaciones son del cuerpo, los impulsos del alma, las convicciones de la inteligencia. (2) Recibir impresiones representadoras es propio también de las bestias. Que lo manejen a uno como marioneta los impulsos es propio también de fieras, putos, Fálaris y Nerón. Que la inteligencia sea rectora para deberes solo aparentes es propio también de los que no creen en los dioses, abandonan su patria y hacen cualquier cosa, una vez que cierran las puertas de la calle. (3) Si, por tanto, lo demás te es común con los mencionados, queda como propio de la persona buena desear y conformarse con lo que le ocurre y estar entrelazado con su destino. Al espíritu divino asentado dentro del pecho no hay que confundirlo ni embrollarlo en el tumulto de las representaciones sino vigilar que esté propicio a obedecer con orden al dios, sin hablar nada contra la verdad ni ejecutar nada contra la justicia. (4) Si todos los hombres desconfían de que uno viva con sencillez, decoro y amabilidad, no se irrita con ninguno de ellos ni se aparta del camino que conduce al fin de la vida, para lo cual es necesario marchar puro, tranquilo, liberado, compenetrado con su destino sin violencias.

Libro IV

4.3 Buscan como sus propios retiros la vida campestre, la orilla del mar, las montañas. (2) Todo eso es de lo más banal cuando te es posible en el momento que quieras retirarte a tu interior. A ningún lugar más tranquilo, más pacífico se retira un hombre que hacia su propia alma, sobre todo aquel que tiene dentro recursos tales que, si los examina, al momento se encuentra en total bienestar. No llamo bienestar a ninguna otra cosa que al buen orden. (3) Por tanto, concédete sin parar ese retiro y renuévate. Que sean preceptos breves y elementales los que, nada más encontrarlos, te resulten suficientes para disolver toda tu insatisfacción y reenviarte de vuelta sin irritación a las actividades a las que retornas. (4) Porque, ¿con qué te irritas? ¿Con la maldad de los hombres? Reconsidera el dictamen de que los animales racionales han surgido unos por otros, que soportarse es parte de la justicia, que los hombres yerran sin querer, que muchos por sentir enemistad, sospecha, odio, rivalidad han sufrido tormento, se han hecho cenizas; ceja en tu irritación. (5) ¿Acaso te irritas con el reparto que se ha hecho del total? Renueva el dilema «O providencia o átomos» y considera en cuántos hechos se demuestra que el universo es como una ciudad. (6) ¿Acaso la parte corporal te afecta? Date cuenta de que la reflexión no se mezcla con el hálito si está revuelto, sea suave o violentamente, una vez que se acepta a sí misma y reconoce su propia capacidad, y por lo demás confórmate también con cuanto has escuchado sobre el sufrimiento y el placer. (7) ¿Acaso te distrae la honrilla? Considera la rapidez con que se olvida todo y el abismo de eternidad infinita antes y después, lo vano del descrédito, la mudanza y falta de criterio de los que aparentan expresarte aprecio y lo estrecho del lugar en el que está circunscrito. (8) Porque toda la tierra es un punto y de ella cuán ínfima es su parte habitada. Y ahí, ¿cuántos y quiénes son los que te van a alabar? (9) Por tanto, acuérdate del retiro hacia el jardincillo de tu propio interior y sobre todo no te convulsiones ni te pongas tenso, al contrario sé libre y mira los asuntos como varón, como hombre, como ciudadano, como mortal. (10) Que tus recursos más inmediatos sean dos: uno, que los asuntos no afectan a tu alma sino que se quedan fuera sin moverse y que los desasosiegos dependen solo de tu suposición interior; (11) dos, que todo cuanto ves, ¡en qué poco tiempo cambiará y dejará de ser!, reflexiona sin pausa a cuántas transformaciones has asistido. (12) El universo es transformación; la vida suposición.

4.4 Si el ser inteligentes nos es común, también la razón por la que somos racionales es común. Si es así, también la razón que nos indica lo que debe hacerse o no es común. Si es así, también la ley es común. Si es así, somos ciudadanos. Si es así, participamos de algún tipo de organización ciudadana. Si es así, el universo es como si dijéramos una ciudad. (2) ¿De qué otra organización ciudadana común podrá decir alguien que todo el linaje de los hombres participa? De ahí, de esa ciudad común, también nos llega el hecho de reflexionar, razonar, legislar; o ¿de dónde? (3) En efecto, igual que lo terroso es una porción separada de alguna forma de tierra, lo húmedo de otro elemento distinto, lo que es hálito procede de alguna fuente y lo cálido y fogoso de otra concreta, porque nada procede de la nada, igual que tampoco marcha hacia lo que no es, de la misma forma también el ser inteligentes nos llega de alguna parte.

4.23 Se armoniza conmigo todo lo que para ti es armónico, universo. Nada que para ti esté en sazón me es prematuro o tardío. (2) Para mí es fruta todo lo que dan tus estaciones, naturaleza. De ti viene todo, en ti está todo, hacia ti se dirige todo. (3) Aquel dice «ciudad querida de Cécrope», ¿no dirás tú «ciudad querida de Zeus»?

4.25 Experimenta cómo te va la vida del hombre bueno que se conforma con lo que se le asigna del todo y se contenta con que su actuación privada sea justa y su disposición positiva.

4.26 ¿Tienes ya visto aquello? Mira esto otro. No te perturbes. (2) Líbrate de tus dobleces. (3) ¿Alguien yerra? Yerra para su perjuicio. (4) ¿Te ocurre algo? Está bien. Desde el principio te fue asignado e hilado el destino de todo lo que te ocurre. (5) En resumen: la vida es breve, hay que explotar el presente con prudencia y justicia. (6) Mantente sobrio en la relajación.

4.27 O el universo está estructurado o está removido (reunido, sí, pero sin orden). (2) ¿Es que en ti puede subyacer un universo ordenado, pero en conjunto existe desorden? ¿Y eso es así cuando todas las cosas son distintas, compenetradas, sometidas a influjos mutuos?

Libro V

5.1 Al amanecer, cuando te despiertas perezoso, ten a mano lo siguiente: «Me despierto para una tarea humana, ¿y todavía me irrito si me dirijo a hacer aquello por lo que he nacido y para lo que me han traído al mundo? ¿O me han fabricado para esto, para reconfortarme al calor de las mantas?». (2) «Pero esto es más placentero». «¿Entonces has nacido para complacerte? En resumen, ¿para sentir o para actuar? ¿No ves que las pequeñas plantas, los gorrioncillos, las hormigas, las arañas, las abejas hacen lo que les es propio y conjuntamente forjan en su medida el universo? ¿Resulta que tú no quieres hacer lo propio del hombre? (3) ¿No vas a correr a la tarea que es conforme a tu naturaleza?» (4) «Sí, pero hay que tomarse un descanso». «Sí, yo también lo afirmo. Sin embargo la naturaleza también nos dio su medida, también nos la dio del comer y del beber, no obstante, tú sobrepasas lo que es suficiente. Pero en las acciones ya no, sino que te quedas "dentro de lo posible". (5) En efecto, no te amas a ti mismo porque, si no, amarías tu naturaleza y su propósito. (6) Otros por amor a sus oficios se consumen en las tareas propias de su oficio sin lavarse ni comer. ¿Honras tu propia naturaleza menos que el escultor el arte de la escultura, el danzarín el de la danza, el avaro el dinero, el vanidoso la honrilla? Estos, cuando están apasionados, ni comer ni dormir lo desean más que acrecentar las dedicaciones que sienten que les conciernen. ¿A ti, por el contrario, las acciones comunitarias te parecen de un valor inferior y merecedoras de menor empeño?».

5.2 ¡Qué sencillo es rechazar y eliminar toda representación inoportuna y desplazada, y al punto estar en perfecta serenidad!

5.5 No pueden admirar tu agudeza. Sea. Pero sí otras muchas cualidades sobre las que no puedes decir: «no he nacido para ellas». (2) Exhibe por tanto aquellas que dominas por completo: no ser tramposo, tener nobleza, aguantar los trabajos, despreciar los placeres, no quejarse de tu destino, necesitar poco, la buena disposición, la liberalidad, la sencillez, no ser charlatán, la grandeza. (3) ¿No te das cuenta de que a pesar de poder dedicarte a muchas cualidades en las que no existe la excusa de incapacidad natural ni inadecuación, sin embargo, voluntariamente te quedas por debajo? ¿O es que también te ves obligado por la incapacidad natural de tu constitución a refunfuñar, a ser tacaño, a adular, a poner por excusa el cuerpo, a ser obsequioso, a pavonearte a zarandear tantas veces tu alma? (5) Pudiste alejarte hace tiempo de eso y ser culpado, si acaso, de ser tardo y premioso en demasía. Eso es lo que debes ejercitar sin distraerte ni complacerte en tu torpeza.

5.6 Alguno hay que cuando le hace algo beneficioso a alguien está muy dispuesto a llevar la cuenta de ese favor. (2) Otro hay que no está muy dispuesto a ello, sin embargo, en su interior reflexiona y es consciente de la deuda. (3) Hay otro que de ningún modo sabe ni siquiera lo que ha hecho, que es igual a la parra que da el racimo y no busca nada añadido más allá de dar una vez su propio fruto. (4) El hombre que ha hecho el bien no se jacta, sino que acude a continuación a otro hombre como la parra da de nuevo su racimo, como el caballo corre, el perro sigue la pista y la abeja hace miel. (5) Hay que ser de esos que de alguna forma actúan sin atender a nada. (6) «Sí, pero hay que atender a eso precisamente, porque es propio», dice, «del que participa de la comunidad darse cuenta de que actúa a favor de la comunidad y, por Zeus, también desear que su comunidad se dé cuenta». (7) Es verdad lo que dices, pero ahora malinterpretas lo que estamos afirmando. Por eso serás uno de aquellos que mencioné al principio, porque también aquellos se dejan llevar por cierto cálculo y convicción. (8) Si quieres entender qué es lo que se está afirmando no temas por eso dejar de hacer alguna acción comunitaria.

5.9 No reniegues, ni renuncies, ni te impacientes, si no se materializa la ejecución de cada acción según criterios rectos; por el contrario, aunque te quedes fuera de combate, vuelve a él con insistencia, conténtate si la mayor parte de tus acciones están por encima de lo humano y desea el combate al que vuelves. No vuelvas a la filosofía como a un maestro, sino como los que por padecer de ojos hinchados acuden a la esponja y al lavaojos, como otro a la cataplasma o a los fomentos. (2) Así no harás exhibición de seguir el mandato de la razón, sino que descansarás sobre ella. (3) Recuerda que la filosofía solo quiere eso que quiere tu naturaleza y que tú querías otra cosa no conforme a la naturaleza. ¿Qué es más atractivo que eso? Pues ¿no nos hace caer el placer con atractivos? Observa por si es más atractiva la grandeza de ánimo, la libertad, la sencillez, la cortesía, la virtud. (4) ¿Qué hay más atractivo que la propia reflexión cuando percibes firmeza y prosperidad en todo lo que viene de la facultad de comprender y conocer?

5.16 Tu reflexión será según sean tus representaciones. En efecto, el alma se empapa de las representaciones. (2) Por tanto, empápala sin interrupción de representaciones tales como que donde es posible vivir, allí también se vive bien. Es posible vivir en la corte, pues también en la corte se vive bien.

5.22 Lo que no es perjudicial a la ciudad tampoco perjudica al ciudadano. Ante toda representación de que te ves perjudicado aplica esta regla. Si la ciudad no se perjudica por tal cosa, tampoco yo me perjudico. Si la ciudad se perjudica no hay que irritarse con quien la perjudica, por el contrario hay que señalarle qué es lo que le pasó desapercibido.

Libro VI

6.13 Es igual que hacerse una representación de lo guisado y las cosas de comer, que si este es el cadáver de un pez, que si aquel es de un pájaro o de un lechón y además que el Falerno es un juguito de un racimo de uva y que el manto orlado de púrpura son pelillos de corderillo teñidos con sangrecilla de una concha. Que la cópula es frotamiento de entrañas y cierta secreción de moco en medio de una convulsión. (2) Tales son las representaciones que llegan hasta el fondo de las propias cosas y las atraviesan hasta hacernos ver cómo son. (3) Así hay que actuar a lo largo de toda la vida, cuando nos representamos que las cosas son respetabilísimas, desnúdalas, comprueba su escaso valor y acaba con el cuento que las hace majestuosas. (4) El delirio de grandezas es un terrible falsario y cuando parece que te encuentras entre cosas serias es cuando más te has dejado embaucar. (5) Considera, por ejemplo, qué dice Crates sobre el propio Jenócrates.

6.21 Si alguien puede rebatirme y probarme que no entiendo o actúo rectamente, cambiaré de opinión agradecido. (2) En efecto, busco la verdad que a nadie nunca perjudicó. Se perjudica el que persiste en su propio engaño e ignorancia.

6.45 Cuanto ocurre a cada uno le conviene al todo. Con eso bastaba. (2) Pero además observarás en general, si miras con detenimiento, que lo que conviene a un hombre también conviene a los demás. (3) En este caso tómese lo conveniente en su uso más habitual aplicado a lo que no es ni bueno ni malo.

6.53 Acostúmbrate a no hacerte el distraído ante lo que afirma otra persona y en la medida de lo posible métete en el alma del que habla.

Libro VII

7.22 Es característico del hombre amar también a los que tropiezan. (2) Eso sucede si se te ocurre al tiempo que son tus congéneres, que yerran por ignorancia y contra su voluntad, que después de poco ambos estaréis muertos y sobre todo que no te perjudicó porque no hizo a tu principio rector peor que era antes.

7.29 Elimina la representación. (2) Detén los hilos de la marioneta. (3) Delimita el tiempo al presente. (4) Reconoce lo que te ocurre a ti o a otro. (5) Distingue y divide el objeto entre lo que es causa y lo que es materia. (6) Reflexiona en la última hora. (7) El error de aquel déjalo allí, donde surgió el error.

7.48 Desde luego que cuando se hacen discursos sobre los hombres hay que contemplar las cosas de la tierra como desde arriba: rebaños, ejércitos, tierras labradas, bodas, divorcios, nacimientos, muertes, jaleo de los tribunales, desiertos, variados pueblos bárbaros, fiestas, lamentos fúnebres, mercados; mezcolanza y orden universal a partir de sus contrarios.

7.49 Observa otra vez lo que fue antes, los cambios tan abundantes de lo que es. Se puede también prever el futuro. (2) Pues será en todo parecido y no es posible que se salga del ritmo de lo que ahora mismo sucede. De ahí que sea lo mismo hacer la historia de la vida humana de cuarenta años que la de diez mil. ¿Qué más podrás ver?

7. 55 No pasees tu mirada por los principios rectores ajenos, al contrario, dirígela recta allí donde te guía la naturaleza, la del todo a través de lo que te sucede y la tuya a través de tus deberes. (2) Es deber de cada uno lo que está en línea con su constitución.

Están constituidos los restantes seres en función de los racionales (en cualquier circunstancia los débiles lo están en función de los fuertes) y los racionales lo están unos en función de otros. (3) En la constitución del hombre el deber preponderante es el bien común; el segundo es no ceder ante las pasiones corporales, (4) porque es propio del movimiento racional e inteligente marcar sus confines y no dejarse vencer por el movimiento sensorial o impulsivo; estos dos movimientos son propios de animales, pero frente a ellos quiere ser preponderante y no resultar inferior el inteligente, que con justicia es por naturaleza quien los utiliza. (5) El tercer deber para la constitución racional es no precipitarse ni dejarse engañar. (6) Que el principio rector agarrado a estos principios progrese recto y tenga lo que le es propio.

7.69 La perfección del carácter supone que cada día transcurra como el último, sin pálpitos, sin cabezadas, sin actuaciones teatrales.

7.71 Es ridículo no evitar la propia maldad, cosa que es posible, e intentar, por el contrario, evitar la ajena, cosa que es imposible.

7.73 Cuando tú has actuado bien y los demás han salido bien parados, ¿por qué buscas, además de eso, en tercer lugar, como hacen los mentecatos, parecer que has actuado bien o conseguir recompensa?

7.74 Nadie se cansa de beneficiarse. El beneficio es un comportamiento natural. No te canses de beneficiarte mientras tú beneficies.

Libro VIII

8.1 Te lleva también a no vanagloriarte el hecho de que ya no te es posible haber vivido toda tu vida, o desde la juventud al menos, como filósofo, sino que se ha hecho evidente, a muchos otros y a ti mismo, que estás lejos de la filosofía. (2) Te has confundido, por tanto, y así no te es fácil ya adquirir la fama del filósofo y se te enfrenta incluso el supuesto previo. (3) Si has visto verdaderamente dónde está el asunto deja a un lado qué se opinará de ti. Que te sea suficiente si, en lo que te resta de vida, vives precisamente como quiere tu naturaleza que lo hagas. (4) Reflexiona, por tanto, sobre qué quiere y que nada más te distraiga, porque ya lo has intentado y después de muchos descarríos nunca hallaste el vivir bien: (5) ni en los razonamientos lógicos, ni en la riqueza, ni en la fama, ni en el disfrute, nada en absoluto. (6) ¿Dónde está, pues? En hacer lo que persigue la naturaleza del hombre. ¿Cómo lo harás? Si tienes convicciones desde las que iniciar tus impulsos y tus acciones. ¿Qué convicciones? Las que versan sobre lo bueno y lo malo: no existe bien para el hombre que no lo haga justo, prudente, viril, liberal; ni existe mal que no provoque lo contrario de lo dicho.

8.7 Le basta a toda naturaleza con avanzar por buen camino. Avanza por buen camino la naturaleza racional que en sus representaciones no se acompasa con lo falso y poco claro, que endereza sus impulsos solo a tareas comunitarias, que provoca apetitos y rechazos solo de aquello que está en nuestra mano y que se conforma con todo lo asignado por la naturaleza común. (2) En efecto, es una parte de ella, como la naturaleza de la hoja lo es de la de la planta; con la diferencia de que en ese caso la naturaleza de la hoja es parte de una naturaleza insensible, irracional y que puede verse obstaculizada, mientras que la del hombre es parte de una naturaleza que no puede ser obstaculizada, que es inteligente y justa, si es que establece divisiones de las duraciones, de la substancia, de la causa, de la actividad, de lo que ocurre a cada persona, proporcionales y según la valía. Pero también son equilibrados los repartos. (3) Ahora bien, considera que no vas a encontrar correspondencia de una cosa equilibrada con esta otra en todo, sino globalmente entre la totalidad de esto frente al conjunto de aquello.

8.16 Recuerda que es un comportamiento libre por igual tanto cambiar de opinión como obedecer al que te corrige. (2) Tuya es la actuación y se cumple según tu impulso y tu juicio, pero también, desde luego, según una reflexión que es la tuya.

8.19 Cada cosa ha nacido para algo, el caballo, la viña. ¿De qué te sotprendes? También el sol podrá decir: «he nacido para algo», como los demás dioses. (2) Tú, entonces, ¿para qué? ¿Para complacerte? Mira si esa reflexión aguanta.

8.21 Vuélvelo del revés y mira cómo es, cómo se hace al envejecer, enfermar, sufrir. (2) Tiene la vida corta tanto el que elogia como el elogiado, tanto el que recuerda como el recordado. (3) Es más, ni siquiera aquí, en un rincón de esta región, todos concuerdan, ni uno mismo consigo. Y toda la tierra es un punto.

8.23 ¿Hago algo? Lo hago en referencia al bienestar de los hombres. ¿Me ocurre algo? Lo acepto en referencia a los dioses y a la fuente de todas las cosas por la que todo lo que sucede se entrelaza.

8.26 Satisfacción para el hombre es hacer lo propio del hombre. (2) Propio del hombre es la benevolencia para lo connatural, el desprecio a las incitaciones sensoriales, la diferenciación entre las representaciones convincentes, la contemplación de la naturaleza del todo y de lo que surge según ella.

8.28 El sufrimiento, o bien es un mal para el cuerpo (por tanto, que este lo proclame), o lo es para el alma, a la que es posible preservar su propia serenidad y calma, y no suponer que es un mal. (2) Cualquier juicio, impulso, apetito y rechazo están dentro y ahí no penetra ningún mal.

8.29 Elimina continuamente las representaciones diciéndote a ti mismo: «Ahora está en mi mano que en esta alma no haya ninguna maldad, ni anhelo, ni en general ninguna turbación. Al contrario, gracias a observar cómo son todas las cosas, trato cada una según su valía». (2) Recuerda esta posibilidad.

8.43 Uno se alegra con una cosa, otro con otra. Yo, si mantengo sano el principio rector, sin darme media vuelta ante ningún hombre ni ante nada de lo que sucede a los hombres, sino que miro todo con ojos benévolos y lo acepto, y trato a cada uno según su valía.

Libro IX

9.1 El que es injusto es impío porque la naturaleza del todo ha creado los animales racionales unos por otros, de forma que se beneficien mutuamente según su valía y no se perjudiquen en manera alguna; el que infringe esa decisión es impío con toda claridad contra la más respetable de las divinidades. (2) También el que miente es impío en relación con la misma divinidad porque la naturaleza del todo es la naturaleza de las cosas que son de hecho y estas guardan intimidad con lo que existe. (3) Además también se la denomina la verdad y es la causa primera de todas las verdades. (4) Por tanto, el que miente voluntariamente es impío, por ser injusto con su engaño; el que lo hace involuntariamente por estar en disonancia con la naturaleza del todo y por ofender su orden con su lucha contra la naturaleza del universo ordenado. (5) En efecto lucha el que se deja llevar contra sí mismo en dirección contraria a la verdad. Pues había obtenido previamente recursos de la naturaleza y, al descuidarlos, no es capaz ya de discernir lo falso de lo verdadero. (6) Desde luego, también el que persigue los placeres como bienes y huye de los pesares como males es impío. Necesariamente critica muchas veces a la naturaleza común por haberlos distribuido a ruines y cumplidores en contra de su valía, porque muchas veces los ruines están entre placeres y consiguen lo que los produce, mientras que los cumplidores se topan con el pesar y lo que lo produce. (7) Además el que teme los sufrimientos temerá también alguna vez algo de lo que será en el universo y eso es ya impiedad. (8) El que persigue los placeres no se apartará de cometer injusticia y eso es con toda evidencia impiedad. (9) Es preciso que en relación con lo que la naturaleza es neutra (pues no crearía sufrimientos y placeres si no fuese neutra con unos y otros), en relación con eso, también los que quieren obedecer a la naturaleza se mantengan neutros siendo ecuánimes. Así pues, quien en relación con el sufrimiento y el placer, la muerte y la vida, la fama y la mala fama, con los que la naturaleza tiene un trato neutro, él no es neutro, está claro que es impío. (10) Afirmo que la naturaleza común tiene un trato neutro con esas cosas debido a que ocurren neutramente en una secuencia de sucesos unos tras otros a partir de algún impulso primitivo de la providencia por el que pasó de cierta forma originaria a este ordenamiento, al concebir algunas razones de los hechos futuros y delimitar capacidades generadoras de substancias, cambios y sucesiones de ese tipo.

9.23 Igual que tú eres integrante de un conjunto social, que también así cualquier acción tuya se integre en la vida social. (2) La acción que no tenga relación inmediata o lejana con el fin social, esa despedaza tu vida, no permite que esta sea una sola y es conflictiva, como el que en un pueblo separa su propia parte de una armonía así formada.

9.31 Imperturbabilidad ante lo que sucede por una causa externa, justicia en lo que se ejecuta por una causa que depende de ti. (2) Esto es: impulso y actuación que limitan con la propia acción comunitaria en cuanto propia de tu naturaleza.

Libro X

10.8 Una vez que te has aplicado los apelativos de «bueno», «decente», «verdadero», «de mente prudente», «de mente fraterna», «de mente superior», adhiérete a ellos; no cambies nunca de apelativos ni los corrompas. Regresa a ellos con rapidez. (2) Acuérdate de que el apelativo «de mente prudente» para ti significaba pararte a pensar con discernimiento en cada cosa sin ser negligente; «de mente fraterna», la aceptación voluntaria de lo asignado por la naturaleza común; «de mente superior», la elevación de la parte pensante por encima del movimiento suave o brusco de la carne, de la honrilla, de la muerte y de todo eso. (3) Así pues, si mantienes la vigilancia para estar tú con esos apelativos sin ansiar recibir esas apelaciones de otros, serás otro distinto y entrarás en otra vida. (4) Seguir siendo como has sido hasta ahora y dejarse despedazar y envilecerse en una vida así es en exceso propio de alguien sin percepción, apegado a la vida, semejante a los gladiadores devorados a medias por las fieras, quienes llenos de heridas y sanguinolentos exigen ser guardados hasta el día siguiente para que se les pueda arrojar tal y como están a las mismas garras y mordiscos. (5) Embárcate en esos pocos apelativos. Si puedes permanecer sobre ellos, permanece como trasladado a las islas de los bienaventurados. Pero si te das cuenta de que te caes y no tienes pleno dominio, apártate confiado a algún rincón donde adquieras dominio, o también, deja del todo la vida sin encolerizarte, sino con sencillez, con libertad y con decencia, tras haber realizado en la vida, aunque solo sea eso, dejarla así. (6) Sin embargo, para acordarte de esos apelativos colaborará contigo grandemente recordar a los dioses, que no quieren recibir adulaciones, sino que todo lo racional se les equipare y que la higuera haga lo propio de la higuera, el perro lo propio del perro, la abeja lo propio de la abeja, el hombre lo propio del hombre.

10.15 Es poco lo que queda. (2) Vive como si estuvieras de viaje. No hay diferencia ninguna entre aquí y allí si uno está en todas partes como en una ciudad que es el universo. (3) Que vean, que investiguen los hombres a un hombre que vive de verdad según la naturaleza. (4) Si no lo soportan, que te maten. Pues es mejor que vivir así.

10.28 Represéntate que todo el que se entristece o se disgusta sea por lo que sea es igual que el cochinillo que está siendo sacrificado, que patalea y chilla; (2) que es igual también quien se lamenta solo sobre su pequeño lecho en silencio por nuestras ataduras; que solo le ha sido dado al animal racional acomodarse voluntariamente a los sucesos, porque todos se ven obligados a acomodarse sin más.

Libro XI

11.1 Estas son características del alma racional. Se ve a sí misma, se articula a sí misma, se hace a sí misma como quiere, ella misma recoge el fruto que produce (mientras que los frutos de las plantas y lo asimilable aplicado a los animales los recogen otros), alcanza su propio objetivo allí donde esté puesto el fin de la vida. (2) A diferencia de lo que ocurre en la danza, en la actuación teatral y en cosas por el estilo su acción en conjunto no queda inconclusa si algo le pone trabas, sino que, en todas sus partes y hasta donde se vea sorprendida, ejecuta lo que se ha propuesto ella misma de forma plena y sin carencias, hasta el punto de decir «yo obtengo mi parte». (3) Es más, abarca en su recorrido todo el universo, el vacío que lo rodea y su diseño; se extiende hasta el infinito de la eternidad, abarca en su comprensión también el renacimiento del todo, abarca con la mente y especula con que nada verán de nuevo los que vengan después, ni nada más extraordinario vieron los que nos precedieron, sino que de alguna forma el de cuarenta años, si tiene una mínima inteligencia, ha visto por el principio de uniformidad todo lo que ha ocurrido y ocurrirá. (4) Son características también del alma racional amar al prójimo, la verdad, la vergüenza, no estimar nada por encima de sí misma, cosa que también es característica de la ley. (5) Por tanto, así en nada se diferencia la razón recta de la razón de la justicia.

11.8 La rama que se cercena de una rama contigua no es posible que no quede cercenada también del conjunto de la planta. (2) Así también un hombre que se desgaja de un solo hombre queda cercenado del conjunto de la comunidad. (3) A la rama, evidentemente, la cercena otro, pero el hombre él mismo se aparta a sí mismo del prójimo por odio y aversión, pero desconoce que de forma simultánea se ha cortado a sí mismo también del conjunto de la sociedad, (4) a no ser por ese regalo del que ensambló la comunidad, Zeus. En efecto, nos es posible implantarnos de nuevo con el contiguo y de nuevo formar parte del conjunto. (5) Sin embargo, si se produce muchas veces la desunión por esa separación, eso hace que lo que se aparta sea muy difícil de recuperar. (6) En resumen, no es igual la rama que ha brotado desde el principio y ha permanecido compartiendo el mismo aire que la que de nuevo después del corte se injerta, digan lo que quieran los jardineros. (7) Sé de la misma mata, no de la misma opinión.

11.9 Los que se entrometen contra ti que avanzas según la razón recta, igual que no podrán desviarte de la acción sana, que tampoco te repelan de la amabilidad para con ellos. Pero mantente en estas dos cosas por igual: no solo en el juicio y acción bien establecidos, también en la condescendencia para con quienes intentan impedirte. (2) Pues es debilidad tanto indignarte con ellos como retirarte de la acción y ceder cuando te golpean. Por igual uno y otro son desertores, el que se acobarda y el que se enajena al que es por naturaleza su congénere y amigo.

1.16 Pasa la vida de la mejor forma. Esa posibilidad reside en el alma, si no se perturba ante las cosas que no son motivo de turbación. (2) No se perturbará si estudia cada una de estas cosas con discriminación, en su totalidad y acordándose de que ninguna de ellas provoca en nosotros una suposición sobre ella ni nos alcanza, sino que ellas ni se menean y somos nosotros los que generamos los juicios sobre ellas y en cierto modo los grabamos en nosotros, cuando es posible no grabarlos y es posible, si lo hacemos sin darnos cuenta, borrarlos de inmediato. (3) Por tanto, si son conforme a la naturaleza salúdalas y te resultarán fáciles. Si van contra la naturaleza investiga qué es según tu naturaleza y empéñate en ello aunque no esté bien considerado. Pues existe perdón para todo el que persigue su propio bien.

11.18 En primer lugar, cuál es mi actitud con ellos dado que hemos nacido unos por otros y que yo por otra razón he llegado a una situación de prominencia sobre ellos, como un carnero en el rebaño o un toro en la manada. (2) Acércate desde arriba con el principio de que si no somos átomos es la naturaleza quien gobierna todo. Si es así, los inferiores son a causa de los superiores y estos unos por otros. (3) En segundo lugar, cómo son a la mesa, en la cama y lo demás; pero sobre todo qué compulsiones son base de sus creencias y con qué delirios de grandeza hacen precisamente eso. (4) En tercer lugar, que si actúan rectamente no debes irritarte, y si no es evidente, que es contra su voluntad y por ignorancia, (5) porque cualquier alma se ve apartada de la verdad contra su voluntad, como también de comportarse con cada persona según su valía. (6) Se atormentan cuando se les considera injustos, desconsiderados, aprovechados, en definitiva, que yerran contra el prójimo. (7) En cuarto lugar, que tú también cometes muchos errores y eres otro igual; incluso si te mantienes lejos de algunos errores, tu actitud es capaz de cometerlos, aunque por cobardía, afán de popularidad o alguna otra maldad, te mantienes lejos de errores semejantes. (8) En quinto lugar, que, aunque yerren, tampoco estás convencido porque muchas cosas se producen por motivos de organización (9) y en general hay que informarse previamente mucho para que uno se manifieste sobre el comportamiento ajeno con comprensión. (10) En sexto lugar, cuando te indignas en exceso o te sienta algo mal, que la vida humana es momentánea y después de un poco a todos nos entierran. (11) En séptimo lugar, que no son sus acciones las que nos irritan pues esas dependen de sus principios rectores, sino nuestras suposiciones sobre ellas. (12) Apártalas y ten la voluntad de eliminar ese juicio de que es algo terrible y la cólera se marcha. (13) Entonces, ¿cómo lo apartarás? Si caes en la cuenta de que no es algo vergonzoso; pues solo lo que es vergonzoso es malo o si no, por fuerza, tú también cometes muchos errores y eres un bandido y un cualquiera. (14) En octavo lugar, en qué medida nuestras cóleras y tristezas provocan dificultades mayores que son las cosas por las que nos encolerizamos y entristecemos. (15) En noveno lugar, que la amabilidad es invencible si es sincera y no es un gesto o una actuación teatral. (16) ¿Qué podrá hacer contra ti el más violento si permaneces amable con él y, si viene a cuento, le exhortas condescendiente y cuando intenta hacerte daño lo aleccionas a propósito de esa circunstancia concreta, dedicándole tiempo: «Hijo, no. Hemos nacido para otra cosa. Yo, desde luego, no me perjudico, pero tú sí, hijo». (17) Y muéstrale con toda evidencia y genéricamente que eso es así, que tampoco las abejas lo hacen ni ninguno de los animales gregarios por naturaleza. (18) Debes hacerlo sin afectación ni reproches sino con cariño y sin sentirte mordido en el alma, tampoco como si fueras su maestro de escuela ni con la intención de que otro que esté presente se admire, sino realmente para él solo, aunque estén otros alrededor. (19) Acuérdate de estos nueve capítulos como si tuvieras en tu poder un regalo de las Musas y empieza a ser hombre mientras estás vivo. (20) Debes vigilar por igual no encolerizarte con ellos y no adularlos. Una y otra cosa son poco comunitarias y llevan perjuicio. (21) Ten a mano en las cóleras que no es varonil estar de mal humor sino que la condescendencia y la mansedumbre son más humanas y también más varoniles, quien es así demuestra fuerza, agallas y valentía, a diferencia del que se indigna y se disgusta. (22) En la medida en que este comportamiento es más cercano a la impavidez, también lo es a la fuerza. (23) Igual que la tristeza es propia del débil, así también la cólera. Los que tienen estos dos sentimientos sufren de una herida y hacen una cesión. (24) Si quieres, toma este décimo regalo de Apolo conductor de las musas: es locura pedir que los ruines no yerren porque es desear lo imposible, (25) pero, si estás de acuerdo en que otros son así y pides que ellos no yerren contra ti, eres ignorante y tiránico.

Libro XII

12.1 Todas aquellas cosas que rezas por alcanzar en todo un ciclo, puedes tenerlas ya si dejas de ser tu propio rival. (2) Esto es: si dejas atrás el pasado y pones en mano de la providencia el futuro, y si solo el presente lo encaminas derecho hacia la virtud y la justicia. (3) Virtud para desear lo que se te ha asignado porque la naturaleza te deparaba ese destino y para él te trajo. (4) Justicia para que con libertad y sin marañas digas la verdad y actúes según la ley y la valía. Que no te impida ni la maldad ajena, ni sus supuestos, ni su palabra, tampoco las sensaciones de la carnecilla que te recubre, pues eso que lo vea la parte que sufre. (5) Por tanto, si en su momento cuando estés ya en el punto de partida abandonas todo lo demás, honras solo el principio rector y la parte divina que hay en ti y no temes dejar de vivir, sino no empezar nunca a vivir según la naturaleza, serás un hombre digno del universo generador y dejarás de ser un extranjero de tu patria y dejarás de admirarte por los sucesos inesperados de cada día, pendiente de esto y eso otro.

12.3 Tres son las cosas de las que estás conformado: el cuerpecillo, el pequeño hálito vital y la inteligencia. (2) Dos de esas son tuyas solo por cuanto debes ocuparte de ellas, la tercera está solo bajo tu autoridad. (3) Por ello, si apartas de ti mismo, es decir, de tu mente, todo lo que los demás hacen, dicen, todo lo que tú mismo hiciste o dijiste, todo lo que te perturba por ser futuro, todo lo que sin elegirlo se te suma de la parte corporal o del pequeño hálito connatural, y todo lo que hace girar el torbellino que fluye por fuera en derredor, de tal forma que la capacidad inteligente desligada del destino y purificada viva libre por sí misma realizando lo que es justo, deseando lo que acontece y diciendo la verdad; (4) si apartas, digo, del principio rector lo que se cuelga de él por las pasiones y del tiempo lo futuro o lo que ya ha pasado y te haces a ti mismo como Empédocles: «Esfera redondeada que se alegra en su soledad circundante, y aprendes a vivir solo lo que estás viviendo, esto es, el presente, podrás lo que te resta hasta morir pasarlo sin perturbación, conforme y propicio con tu propio espíritu divino.

12.8 Desnudas de su corteza contempla las causas: los significados de las acciones, qué es el sufrimiento, qué es el placer, qué es la muerte, qué es la fama, quién es el culpable de tu propia falta de tiempo, cómo nadie es impedido por otro, que todo es suposición.

12.17 Si no es apropiado, no lo hagas; si no es verdad, no lo digas. (2) Que tu impulso sea firme.

12.18 Mira siempre qué es justamente lo que te provoca la representación y despliégalo distinguiendo la causa, la materia, el significado, el tiempo en el que por fuerza habrá cesado.

12.20 En primer lugar no actúes al azar ni sin significado. (2) En segundo lugar no tengas como referencia ninguna otra cosa que el fin comunitario.

DESPUÉS DE LA LECTURA

1. EL CONTEXTO: la vida de Séneca, como la de Marco Aurelio, se desarrolla en Roma a lo largo del periodo que conocemos como el Imperio.

a. Indaga qué ocurrió para que la República se convirtiera en Imperio, quién y cómo se produjo el cambio, qué características tuvieron la una y el otro.
b. ¿Qué diferencias políticas importantes hubo durante el periodo de vida de Séneca y el de Marco Aurelio?

2. FRASES GENIALES: cada alumno elige una frase que ha leído y que considera que expresa una idea importante para la vida. La podemos compartir y explicar por qué creemos que es importante en pequeños grupos. En cada grupo elegimos dos y preparamos un cartel con ellas. Al final podemos votar las más impactantes para la clase.

3. SÍNTESIS: la lectura tanto de las *Cartas* como de las *Meditaciones* encierra el reto de captar la idea principal apartándose de elementos secundarios e incluso de digresiones innecesarias. La primera actividad que debe acompañar la lectura es la realización de una ficha para cada carta y meditación en la que se indiquen la idea principal y las ideas secundarias.

4. DEFINICIÓN: aclarar el significado de determinados conceptos clave nos permite delimitar mejor la propuesta filosófica. Podéis intentar definir los siguientes conceptos a partir del contenido de los textos (máximo tres líneas) y añadir una pequeña explicación (máximo seis líneas). Entre paréntesis indicamos algunos textos que pueden ayudarte, pero es una lista incompleta; complétala tú:

a) Apatía (S 9, 2; MA 3.4)
b) Asentimiento / borrar las representaciones (S 66; 85; MA 5.2; 7.29; 8.29; 9.7)

c) Cosmopolitismo (MA 4.4; 5.22; 6.45; 6.53; 6.54; 10.15)
d) El bien vivir conforme a la naturaleza (S 66; 121)
e) Felicidad, placer, goce (S 9, 19-22; 59, 1-4; 23; 74)
f) Filosofía/sabiduría (S 5; 23; 71; MA 5.9)
g) Fortuna, destino (S 16, 4-5; 74; MA 2.11; 4.3; 4.25; 4.26)
h) Indiferentes (S 59; 66; 71; 74; 76; 85; 87; MA 8.1)
i) Justicia (S 120; 123)
j) Libertad
k) Sabiduría (S 59)
l) Virtud/honestidad (S 85; 95)

5. SÉNECA:

a. La carta 5 muestra la importancia de no temer el futuro ni la fortuna y hacerse dueños de nosotros mismos controlando las propias ilusiones y miedos, nuestra propia representación de las cosas. Intenta ordenar los argumentos.

b. En la carta 9, Séneca habla de la amistad y la relaciona con la autosuficiencia del sabio. ¿Qué relación plantea entre independencia, necesidad y amistad?

c. La carta 16, sobre el papel de la filosofía y la revisión personal, y la 37 insisten en la importancia del entrenamiento para poder mantenerse firme en la actitud. ¿Qué idea de filosofía hay detrás de estas afirmaciones?

d. La carta 23 aborda el objeto de la felicidad y enfrenta los placeres que vienen de fuera con los verdaderos goces que proceden de la buena conciencia. El argumento se relaciona con vivir conforme a un plan o, por el contrario, dejarse llevar. Y termina con una frase de Epicuro: «Es fastidioso estar siempre empezando a vivir». ¿Qué relación tiene con el argumento de la carta?

e. La carta 47 tiene por objeto el trato que merecen los esclavos. Llama la atención sobre que son esclavos, pero también hombres: «ha nacido de la misma simiente y disfruta del mismo cielo». Aconseja tratar a los inferiores como querrías que te tratara un superior. Profundiza en la argumentación de la carta.

f. Las cartas 66, 71, 74 y 76 son de las más importantes. Se refieren a la virtud como bien primero capaz de proporcionar la felicidad por sí misma. El bien primero es conducirse racionalmente conforme a la naturaleza. El único bien es la vida honesta, no los que proporciona la fortuna. Reconstruye la estructura de la argumentación.

g. La carta 85, con la excusa de la discusión con los argumentos de Aristóteles sobre el punto medio, presenta una justificación de su idea de la virtud. Entresaca los argumentos.

h. La carta 95 discute si los preceptos son suficientes para alcanzar la virtud y concluye que la filosofía, que es a la vez teórica y práctica, es necesaria para alcanzar una justificación racional, especialmente en momentos de dificultad.

i. Las cartas finales, 118 a 124, son un buen resumen de la doctrina estoica en Séneca. Se presentan algunas de las ideas más importantes: el bien es vivir acorde con la naturaleza, las riquezas, el conocimiento moral, la armonización con la naturaleza, algunas reglas contra los placeres.

6. MARCO AURELIO:

a. En 1.16, Marco Aurelio describe a su padre adoptivo Antonino. Clasifica rasgos del carácter y rasgos como gobernante. ¿Qué relación hay entre ellos?

b. El Libro 2 es casi una síntesis del programa del estoicismo. Intenta a partir del texto completar los argumentos de estas ideas: 1) hemos nacido para la colaboración; 2) que la razón no sea esclava ni marioneta; 5) lo que hay que buscar y evitar para una vida próspera (feliz); 7) centrar la vida en un objetivo; 9) concordar con la naturaleza; 11) la felicidad está en manos de los hombres, lo demás es indistinto: ni bueno ni malo; 12) todo es efímero menos lo que está en contacto con dios (el alma); 16) lo que humilla y causa mal al alma; 17) todo fluye, solo la filosofía puede ayudarnos.

c. La meditación 3.4 puede ser un buen ejemplo para intentar un comentario de texto: a) tema o problema; b) tesis o idea principal; c) estructura de la argumentación.

d. En 3.11 se describe un método para entender qué provoca en nosotros la representación que nos hacemos de algo y poder reconocer mejor el valor de las cosas.

e. En 4.3 prescribe la importancia de una especie de ejercicio espiritual permanente: el «retiro hacia el jardincillo de tu propio interior» para valorar que los asuntos se quedan fuera y no afectan a tu alma y que todo es efímero y transformación. Mira también 10.8. ¿Qué importancia tiene este argumento en el pensamiento? ¿Cómo puede aplicarse a nuestra vida?

f. En 9.1 describe al impío.

g. En 11.18 muestra una orientación para la relación social, ya que hemos nacido unos por otros. Él mismo se sitúa como dirigente y muestra criterios de gobierno. Relaciona este aforismo con 11.1, las características del alma racional, y 11.21, el objetivo único durante toda la vida.

7. Valoración crítica:

a. Tanto Séneca como Marco Aurelio tuvieron un papel importante en la política de su momento, aunque en circunstancias muy distintas. ¿Cómo crees que pudo influir esa experiencia personal en su filosofía?

b. La lectura de los textos más representativos del estoicismo es extraordinariamente atractiva porque nos enfrenta a nosotros mismos en el camino de la felicidad, y especialmente en una época, como la nuestra, obsesionada con alcanzarla. Hemos visto que el estoicismo no es un manual de autoayuda, sino un camino espiritual de sabiduría y crecimiento en la virtud. No son un conjunto de sentencias para leer y meditar, sino un largo proceso de aprendizaje y discernimiento encaminado a liberarnos de nuestras propias esclavitudes y miedos.

Elige tres ideas estoicas y explica por qué son importantes para ser feliz. Te puede servir esta lista:

- La propuesta de armonía interior, serenidad, control de las pasiones y dominio de sí mismo.
- Valorar las cosas que están en nuestras manos y quitar importancia a las que no dependen de nosotros.
- Aceptar lo imponderable y mirar de cara a la muerte.
- Pensar en el presente y no vivir obsesionados por el futuro.
- Vivir con sencillez, conforme a la naturaleza.
- Alejarse de las expectativas sociales y de la opinión pública.
- Libertad individual entendida como independencia frente a falsas necesidades, pasiones y miedos. Somos libres si nos guía la razón.
- La virtud es el único bien que nos hará felices.
- La riqueza no nos da la felicidad.
- La sabiduría se alcanza al revisar la propia vida constantemente.
- El valor de la verdadera amistad.

c. Sin embargo, la filosofía estoica ha tenido sus críticos y tiene sus peligros.

- Por un lado, la escisión o el conflicto entre razón y emoción no parece real ni saludable. Por ejemplo, la exigencia de imperturbabilidad puede ser excesiva para quien está sufriendo por la enfermedad, la pobreza o la muerte y se le dice que no debería dar tanta importancia a esas cosas, que en el fondo son indiferentes. Quien sufre necesita comprensión de su circunstancia y cercanía emocional, y no culpabilización y distanciamiento frío. Y a la vez, en ocasiones, una sana indignación o un generoso apasionamiento pueden, es verdad, romper la armonía interior, pero ser, al mismo tiempo, fuente de plenitud personal y felicidad compartida.
- Nietzsche, por su parte, consideraba todas las formas de estoicismo como éticas contrarias a la vida, pues aunque el estoico quiere vivir conforme a la naturaleza, en el fon-

do, según piensa, niega la vida al condenar los instintos más espontáneos y originales.

• Otra fuente de críticas es la que ha procedido de quienes sitúan el estoicismo como una filosofía demasiado individualista y conformista, propia de quien vive una situación acomodada. Le resulta más fácil, dicen, despreciar las riquezas a aquel a quien no le falta de nada.

• Pero la crítica puede ir más allá hasta convertir la actitud estoica de disociación entre la felicidad privada al margen de las condiciones sociales en una filosofía de la resignación cómplice de las situaciones de injusticia. La escisión entre el hombre interior y la vida pública sería una clara forma de alienación que indirectamente puede llevar al inmovilismo.

Valora estas críticas y piensa, además de las indicadas, en algunas ideas que te parezca que no son acertadas o que te resultan exageradas y explica por qué.

d.   Estoicismo y cristianismo. La relación e influencia del estoicismo en el cristianismo temprano fue muy significativa. Algunos llegaron a pensar que entre Séneca y San Pablo había habido correspondencia. Tertuliano se refiere a Séneca como «uno de los nuestros». Sin embargo, pese a las semejanzas, en realidad Séneca era anterior a la difusión del cristianismo, aunque el cristianismo aprovechó la cercanía de algunas de sus doctrinas. Marco Aurelio, por su parte, no solamente no era cristiano, sino que ordenó la persecución y ejecución de los cristianos, a los que consideraba una secta peligrosa para el Imperio.

Como actividad puede ser interesante intentar profundizar en las semejanzas y diferencias de algunos aspectos importantes presentes en ambas doctrinas:

• El énfasis en la virtud como camino de felicidad.
• El rechazo a los placeres corporales, la riqueza, el prestigio, el poder.

- La importancia de mantener una vida sencilla que desprecia lo innecesario.
- La idea que tienen de Dios o el logos, el destino, la providencia.
- La importancia de la felicidad entendida como paz interior.
- Los dos sistemas hacen hincapié en el amor y el cosmopolitismo.